U0572633

A STUDY ON THE DEVELOPMENT OF
HIGH QUALITY ECONOMY

BEI JING

盛继洪 / 主编

北京经济
高质量发展研究

社会科学文献出版社
SOCIAL SCIENCES ACADEMIC PRESS (CHINA)

编委会

主　　　编：盛继洪

副　主　编：王　海　安　红　鹿春江

编　　　委：（按姓氏笔画为序）

于晓静　王小娥　王安琪　王金勇

王洪存　王　海　王　强　安　红

李小明　李　好　李　辉　刘忠昌

吴玲玲　况海涛　张　文　张幼林

张秉华　张贵林　张晓冰　张　燕

陆晓播　徐唯燊　曹建楠　曹鹏程

盛继洪　鹿春江　董　方　黎念青

魏惠东

组织编写单位：首都社会经济发展研究所

北京市决策学学会

北京决策研究基地

前　言

党的十九大报告指出："我国经济已由高速增长阶段转向高质量发展阶段。"[①] 实现高质量发展，是保持经济社会持续健康发展的必然要求，是适应我国社会主要矛盾变化和全面建设社会主义现代化国家的必然要求。在首都"四个中心"战略定位和疏解功能谋发展的大背景下，北京经济必须以高质量发展为目标，以减量发展为约束，以创新发展为出路，主动作为，以推动经济发展。

为更好贯彻落实党中央和北京市有关决策部署，我们联合市委、市政府 13 家相关部委办局的决策研究人员组成"北京高质量发展研究"编写组，从总体情况和 14 个子方向对北京高质量发展进行了研究。从整体上剖析了经济高质量发展的内涵、经济高质量发展与当前北京市重点工作的关系，介绍了北京经济高质量发展的现状及问题，建立了北京经济高质量发展指标体系，并提出 7 个方面的对策建议；14 个子方向涉及科技服务业、制造业和软件信息服务业、房地产业、旅游业、文化产业、金融业等行业，还包括就业、养老、医疗健康、

[①] 习近平：《决胜全面建成小康社会　夺取新时代中国特色社会主义伟大胜利——在中国共产党第十九次全国代表大会上的报告》，人民出版社，2017，第 30 页。

营商环境等方面，每个子方向包括各自领域已取得的成绩、存在的问题和对高质量发展的对策建议三个部分。

本课题组织编写单位为首都社会经济发展研究所、北京市决策学学会、北京决策研究基地。课题最终成果是《北京经济高质量发展研究》一书。本书由首都社会经济发展研究所所长盛继洪同志担任主编。

各章及作者详列如下。

第一章，盛继洪、鹿春江、徐唯燊（首都社会经济发展研究所）。

第二章，孟义、谭玥琳（北京市发展和改革委员会）。

第三章，王金勇（北京市科学技术委员会）。

第四章，伊喆、潘硕（北京市经济和信息化委员会）。

第五章，郭南方、宋晓磊、王华、张静、于桢莹、费将军（北京市老龄工作委员会办公室）。

第六章，赵金望（北京市人力资源和社会保障局）。

第七章，李佳晓（北京市住房和城乡建设委员会）。

第八章，魏惠东（北京市农村工作委员会）。

第九章，张炳词（北京市商务委员会）。

第十章，刘斌、王维佳、王红彦（北京市旅游发展委员会）。

第十一章，唐宁翔、耿晓晨（北京市国有文化资产监督管理办公室）。

第十二章，黄高平、王麟、况海涛（北京市卫生和计划生育委员会）。

第十三章，白隽滢、陈峰、祝钱沁、邓如厅（北京市国有资产监督管理委员会）。

第十四章，赵维久、苏诚、吴茜（北京市金融工作局）。

第十五章，盛继洪、张燕（首都社会经济发展研究所）。

参与本课题的市委、市政府部委办局等单位有关领导对各自单位承担的章节都做了悉心指导和认真修改，按照章节次序分别是：首都社会经济发展研究所所长盛继洪，北京市发展和改革委员会副主任王强，北京市科学技术委员会副巡视员刘晖，北京市经济和信息化委员会副巡视员任世强，北京市老龄工作委员会办公室常务副主任王小娥，北京市人力资源和社会保障局副巡视员陆晓播，北京市住房和城乡建设委员会副巡视员陶泳，北京市农村工作委员会委员王修达，北京市商务委员会副巡视员王洪存，北京市旅游发展委员会副主任曹鹏程，北京市国有文化资产监督管理办公室副主任李小明，北京市卫生和计划生育委员会副主任钟东波，北京市国有资产监督管理委员会党委书记、主任张贵林，北京市金融工作局副局长张幼林。对他们的支持和付出，我们一并表示衷心感谢！

全书文稿由盛继洪、鹿春江、吴玲玲、徐唯燊、张文、董方、李好审阅和修改。编辑出版得到了社会科学文献出版社社会政法分社总编辑曹义恒的大力支持，特此感谢。

由于本课题的研究任务较重，内容较丰富，出版周期较长，书中所列作者和领导的单位、职务有的已发生变化，为反映工作的真实情况，现均按照交稿时的情况确定，有不妥之处，敬请谅解。

2018 年 10 月

目录
CONTENTS

第一章

北京经济高质量发展研究总论

党的十九大报告做出了中国特色社会主义进入新时代的重大判断，明确了中国发展新的历史方位。中国特色社会主义进入了新时代，中国经济发展也进入了新时代，其基本特征就是中国经济已由高速增长阶段转向高质量发展阶段，而实现高质量发展也成为当前和今后一段时期中国经济发展的根本要求。北京面对这种宏观形势，需要在理论层面明确经济高质量发展的内涵要求，在操作层面衡量经济高质量发展的水平，寻找问题、主动纠正，继而推动北京经济向更高质量发展。

第一节　经济高质量发展的理论基础

一　由高速增长到高质量发展的含义

经济发展是有阶段性的，处在不同的历史方位，经济发展的方式和状态各不相同。从党的十一届三中全会召开至今，中国经济已经实现了起飞，规模扩张是其突出特征。进入新时代，这样的高速增长已经完成了其使命，高质量发展就显得更加紧迫了。换言之，在经济量不足的问题基本解决后，经济质的问题就逐渐显现出来了，在历经磨难和波折甩掉落后帽子进入生产力大幅提高的新时代后，中国经济发展会越来越多地表现在使用价值方面的持续进步上，即经济质量的不断改善。

由高速增长到高质量发展，是一个在理论和操作层面都极具难度的挑战，人们在理论层面怎样认识、在操作层面怎样应对都存在一些新问题。过去的高速增长是由市场经济所特有的追求交换价值的工具理性驱动的，能够并确实取得了很大的成就，但也付出了相当多的代价。当高速增长转向高质量发展，就不能仅仅依靠这个单一的动力机制，而应采取更为广泛全面的战略性决策，在多政策目标之间加以权衡取舍，以实现高质量发展的多维性目标。因此，有别于高速增长阶段以工具理性为主的动力机制，在高质量发展阶段必须要有更具价值理性的新动力机制，其需求侧是人民向往，供给侧则是创新引领，从根本上讲是市场经济工具理性和经济发展价值理性的有机统一。

在过去的高速增长阶段，价值判断的标准更偏重于快与慢，体现的是规模速度型目标，主要是通过一系列要素数量的扩张推动规模经济来实现的，其特征是高投入、高速度、高消耗、低效益。在这个阶段，宏观经济管理者更多强调的是经济效益，而把经济的持续性放在次要地位，其更关注"有没有"，即追求经济总量和扩张速度，这种扩张通常根据总产出的增减来判断，常用的衡量指标有人均可支配收入、GDP 增长率等。

在现在的高质量发展阶段，价值判断标准则更偏重于好与坏，体现的是高速增长到一定水平后更高层次的全局性质量效率型目标，是在数量基础上对质量的进一步追求，是量和质协同下的演进发展，主要通过工业化、信息化等促进结构优化来实现，即通过知识、技术等高级要素的投入，推动经济发展方式逐步从粗放型增长向集约型增长转变，并依靠创新驱动化解全球化红利下降的压力，通过培养高素质劳动者创造新的人口红利，进而摆脱资源、环境等的束缚，完成新旧动能的转换。在这个阶段，宏观经济管理者的视野更为开阔，其关注点转向经济效益、社会效益与生态效益的融合，人的全面发展、资源环境的可持续和机会分配的平等都被纳入进去。其不仅关注"有没有"，更关注"好不好"，即以经济总量为基准但又不拘泥于经济总量，全面追求经济结构优化、效率提高、持续性和稳定性增强等多方面的协调共生。

二　经济高质量发展的内涵要求

随着近年来全球经济形势和中国要素禀赋的变化，制约中国经济发展的深层次矛盾日益突出，经济发展水平与人民日益增长的美好生活需要相比也还有不小的差距。面对这种新形势、新问题，以习近平同志为核心的党中央审时度势，做出中国经济已经转向高质量发展阶段的判断，要求必须坚持质量第一、效益优先，提高全要素生产率，不断增强经济创新力和竞争力。不难发现，实现高质量发展作为习近平新时代中国特色社会主义经济思想的重要组成部分，是新发展理念在经济领域的拓展和深化。具体来讲，经济高质量发展具有以下几方面的内涵要求。

（一）经济高质量发展是结构效益显著改善、产业体系持续优化、管理水平不断提高的发展

1. 构建更加优化的经济结构

要以供给侧结构性改革为主线，激发实现经济高质量发展的效益和动力。提升经济结构是解决当前经济发展中顽疾的重要抓手，其重点主要包含以下方面：一是将振兴实体产业作为实现经济高质量发展的重要工作，优化实体经济和虚拟经济的结构，提高实体产业的效益；二是准确把握全球科技创新的方向，促进互联网与传统产业相融

合，推动其向价值链的高端环节迈进，提高传统产业的效益；三是推动现代服务业加速发展，以此促进医疗、养老等方面供给水平的提高，优化三次产业结构，提高服务业的效益。

2. 建设协同发展的产业体系

要构建实体经济、科技创新、现代金融和人力资源协同发展的产业体系，奠定经济高质量发展的物质基础。其中，实体经济的发展是实现经济高质量发展的核心工作，科技创新、现代金融和人力资源则是实现经济高质量发展的推动力量。一方面，我们要积极进行自主创新，主动进行市场出清，培育经济增长的新动能；另一方面，我们要不断改善金融服务的供给质量，通过创造更多优质资产以平抑资产泡沫。这两项任务又都有赖于创新人才的支撑。

3. 形成更加完善的管理体制

要形成微观主体有动力、市场机制有活力、宏观调控有定力的管理体制，加强实现经济高质量发展的制度支撑。为此，必须做到以下三个方面：一是要继续深化国有企业改革，理顺和优化国有资产管理体制，保证微观主体的动力；二是要以负面清单为突破口，逐渐打破不利于市场机制有效运行的管理体制，保证市场机制的活力；三是要不断完善和优化宏观调控政策体系，创新宏观经济管理体制，达到财政政策、货币政策、结构性政策相互协同，保证宏观调控的定力。

（二）经济高质量发展是城乡发展更加均衡、地区发展更加协调的发展

1. 实现城乡均衡发展

城乡发展是政府通过统筹规划、合理安排城乡建设空间布局以有效利用资源、缩小城乡差距的过程。实现城乡均衡发展：一方面应该以城市发展为基础，带动乡村振兴，做到以工带农、以城促乡，实现城乡社会经济协同发展；另一方面应该实现城乡规划建设和资源利用的深度融合，构建城乡建设信息共享平台，使城乡空间布局进一步优化。实现城乡均衡发展首先要提高城镇化率，但这并非城乡发展的唯一目的，城乡发展还应以城乡差距的实质性缩小为目的，其核心是推动乡村经济发展、提高农民收入、增强城乡互动，以逐步打破城乡二元结构。

2. 实现地区协调发展

地区发展是政府通过发展战略的实施，协调各地区、各部门利益关系，以缩小地区差距、实现共同发展的过程。实现地区协调发展：一是使市场在要素配置中起决定性作用，打破阻碍要素自由流动的体制机制障碍，推动要素在各地区间的优化配置；二是发挥聚集效应对地区协调发展的重要作用，建设拥有竞争力和影响力的城市群；三是继续推进地区交通基础设施建设，促进以轨道交通为代表的交通体系向快速化、网络化方向发展；四是以互联网信息技术为依托，把创新链、产业链、价值链等联结成地区联动的纽带，增强地区间的经济技术联系，为地区协调发展提供强有力的支撑。

（三）经济高质量发展是天蓝、地绿、水清的生态良好的发展

生态环境是与人类生存和发展息息相关的空气、水、土壤等资源构成的系统，不对生态环境造成破坏是经济高质量发展的底线。在高质量发展阶段，人们要在利用和改造自然以保证自身需求的同时，降低对自然的破坏并减少由污染造成的危害人类的负反馈效应。通过促进绿色产业的发展，生态环境会得到改善，资源消耗强度也会降低，蓝天常在、青山常在、绿水常在终将成为现实。

（四）经济高质量发展是勇于并善于改革开放的发展

改革是在坚持社会主义制度的条件下，改善生产力与生产关系、经济基础与上层建筑不相适应的过程；开放是增强国际经贸往来和文化交流的过程。在经济发展新常态的背景下，经济高质量发展对改革开放提出了更高的要求：对内必须继续坚持深化改革，要遵循制度变迁的规律，积极吸收以往的经验，以产权制度改革及产权关系调整为抓手，推动包含政府在内的各类主体开展体制机制创新，以政府改革为突破口形成示范效应，带动更广范围的改革；对外必须继续坚持"引进来"与"走出去"相结合，积极扩大全球范围内的有效需求，增强同各经济体的双向贸易和投资往来，共同构建更加开放的世界经济。

（五）经济高质量发展是满足人民美好生活需要、成果由人民共享的发展

人民生活水平的不断提高是经济高质量发展的最终目标，其不仅包含收入的增长，更包含获得感、幸福感、安全感等多方面的提升，是经济生活、政治生活、文化生活和社会生活的全面提升，是物质生活水平和精神生活水平的协调发展。在经济生活方面，高质量体现于每个人在工作、居住等方面基本平等，人均收入水平呈两头小、中间大的纺锤形分布；在政治生活方面，高质量体现在每个人享有并主动行使政治权利，社会民主程度高，法律制度完善；在文化生活方面，高质量体现在每个人都拥有丰富多彩的业余生活；在社会生活方面，高质量体现在就业充分、老有所养、病有所医，以及受教育率高等方面。

通过分析我们不难发现，经济高质量发展这几方面的内涵要求涉及的范围非常广泛。其中，高质量的生态环境是约束条件，是发展前不可触碰的红线；高质量的产业体系、经济结构、管理体制和改革开放是实现途径，是发展中需要突破的点；高质量的城乡发展、地区发展和人民生活是追求目标，是发展后的最终归宿。因此，实现经济高质量发展，最根本的还是要从体系结构、体制机制等发展过程的变量入手，弄清情况、寻找问题、提出对策，并在此基础上兼顾约束和结果。但是，由于体系结构、体制机制等并不属于同一层面，在下文中我们将把其中所涉及的要点重新组合，从要素质量、发展效率和增长动力三个维度进行分析。

三 经济高质量发展与当前北京重点工作的关系

习近平总书记非常关心首都的建设和发展。党的十八大以来，习近平总书记两次视察北京并发表重要讲话，亲自主持中央政治局常委会会议并听取北京城市总体规划编制工作汇报，对首都工作做出一系列重要指示，深刻地回答了"建设一个什么样的首都，怎样建设首都"这个重大时代课题，明确了"四个中心"的首都城市战略定位，提出了建设国际一流的和谐宜居之都的战略目标。习近平总书记强调，要紧紧抓住疏解非首都功能这个"牛鼻子"，为北京减重、减负；要放弃"大而全"的经济体系，构建"高精尖"的经济结构；要提高民生保障和服务水平，让群众有更多更直接的获得感。这些都为北京实现经济高质量发展提供了根本遵循。

近年来，全市深入贯彻习近平总书记对北京工作的重要讲话精神，正确把握"都"与"城"、"舍"与"得"、疏解与提升、"一核"与"两翼"的关系，推动北京这座伟大城市的深刻转型，开启新时代首都现代化建设的新航程。开展"疏解整治促提升"专项行动，减量发展取得扎实效果；实施创新驱动发展战略，创新发展呈现良好势头；落实京津冀协同发展战略，区域协同发展取得阶段性成果；树立以人民为中心的发展思想，人民群众的获得感不断增强。这些都为北京实现经济高质量发展打下了坚实的基础。

但是，与经济高质量发展的内涵要求相比，北京还面临着不少压力和挑战。人口、资源、环境的矛盾依然突出尖锐，北京科技、人才优势还未充分发挥，城乡不均衡、南北不平衡的问题仍然存在，公共服务和生态环境在便利性、多样性和安全性、宜居性等方面仍存在短板。只有实现经济高质量发展，才能有效破解这些难题。

北京实现经济高质量发展，需要把握几个关键点。一是首都发展。北京与其他省份的最大不同就在于北京是首都。因此，要增强首都发展的理念，以加强"四个中心"功能建设、做好"四个服务"带动经济发展，构建"高精尖"经济结构，构建与首都城市战略定位相适应的现代化经济体系，将经济高质量发展的内涵要求贯穿到经济发展的各个方面，努力打造经济高质量发展的首善之区。二是减量发展。要以资源环境的承载能力为硬约束，严守人口总量上限、生态控制线、城市开发边界三条红线，切实减重、减负。三是创新发展。在减量发展的要求下，创新发展是出路而且是唯一出路。要继续加强全国科技创新中心建设，打造北京发展新高地。

不难发现，经济高质量发展是北京在新的历史起点上、在经济发展方式发生深刻变革下的使命担当，是新时代首都现代化建设新征程的前进方向。北京经济高质量发展，就是科技创新成为首要动力、改革开放成为内在要求、协同发展成为一般形态、环境保护成为自觉行动的发展，就是首都城市战略定位得到充分体现、"高精尖"经济结构得到系统构建、人民美好生活的需要得到很好满足的发展。在当前和今后一段时期，北京将通过缩减规模、疏解功能、腾退空间、补齐短板的减量发展和理论创新、实践创新、制度创新、文化创新的创新发展，实现结构合理、布局优化、功能提升、环境改善的经济高质量发展。减量发展、创新发展与经济高质量发展是北京经济发展的必由之路。减量发展作为倒逼经济发展方式变革的重大改革举措，是贯彻落实新版城市总体规划的途径，也是北京追求经济高质量发展的鲜明特征。新版城市总体规划中明确地提出要同时控制人口规模和建设规模，在这种情况下要实现减量，就必须在既定空间内疏解整治，以持续的体系结构优化和科技管理创新增强经济发展的可持续性。减量发展，关键是控制问题，以减重、减负为切入点转变过去粗放扩张的增长方式，化解经济发展与资源环境的矛盾；创新发展，关键是优化创新，以各类要素的合理有效重置来推动经济发展，构建以人民为中心的生态文明。两者统一于经济高质量发展的生动实践。

第二节 北京经济发展的阶段性变化

当前,北京经济已经转向高质量发展阶段,集中表现为要素质量发生积极变化、发展效率不断得到改善、增长动力逐渐实现转换。

一 要素质量发生积极变化

(一) 劳动力质量快速提升

随着疏解非首都功能的持续推进,北京已开始从劳动力数量和质量"双增长"向劳动力数量减少但质量提升的新阶段迈进。到2017年底,北京15~64岁的劳动年龄人口共有1706.7万人,较2016年减少了12万人。在同一时期,北京人口的受教育程度不断提高,人力资本不断积累。截至2017年底,北京常住人口中拥有大学专科学历的占 13.74%,是 2011 年的 1.11 倍;拥有大学本科学历的占18.65%,是2011年的1.18倍;拥有研究生学历的占4.9%,是2011年的1.91倍;全市大专以上学历人口占常住人口的比重是全国平均水平的2.88倍。随着常住人口受教育程度的提高,全市劳动力素质也稳步提高。2015年,北京就业人口平均受教育年限达到12.7年,比 2010 年增加了 0.6 年。其中,大专以上文化程度的就业人口达到47.1%,比2010年增加了8.1个百分点;初中、高中文化程度的就业人口比重分别减少了7.1个百分点和0.7个百分点。

(二) 物质资本质量不断改善

基础设施特别是交通基础设施是北京最重要的物质资本之一,是保障经济持续增长的基础。进入21世纪以来,北京基础设施建设实现了跨越式发展,发展水平处于全国领先地位。2001年,北京全社会基础设施投资额为 356.4 亿元，占全社会固定资产投资额的 33.4%；到 2017 年，基础设施投资额增长到 2984.2 亿元，是 2001 年的 8.37 倍，占全社会固定资产投资额的 28.4%。在同一时期，北京的交通基础设施建设也在不断突破瓶颈：截至 2016 年底，北京公路里程为 22242 公里，是 2001 年的 1.6 倍；高速公路里程为 1013 公里，是 2001 年的 3.02 倍；轨道交通运营里程为 608 公里，是 2001 年的 11.26 倍。

房地产投资成为推动经济发展的重要力量，投资额占全社会固定资产投资额超过 40%，高于全国平均水平，对 50 多个关联产业起到了带动作用，吸纳了超过一百万的劳动力就业，提高了房屋质量和配套水平。房地产开发模式从过去的各单位建设转变为统一规划、综合开发，房地产的建设标准和周边环境都得到很大提升，提高了城市服务功能和品牌形象，城市面貌焕然一新。

（三）科技成果质量有所提高

发明专利授权量是体现科技成果质量的重要指标。2003 年，北京发明专利授权量为 2261 项，而到了 2017 年，北京发明专利授权量已达 46091 项，年均增长 24.03%。2007 年，北京研究与开发机构共发表科技论文 37232 篇，其中在国外发表的占 24.19%；而到 2017 年，研发机构发表科技论文已达 49346 篇，其中在国外发表的占 43.95%，增长了近 20 个百分点。

二 发展效率不断提高

（一）劳动生产率不断提高

改革开放以来，北京人力资本不断积累，物质资本不断优化，带动了劳动生产率的不断提高。1978 年，北京社会劳动生产率仅为 2504 元/人；而到 2017 年，北京社会劳动生产率已经达到 227131 元/

人，是 1978 年的 90.7 倍。值得注意的是，随着经济发展进入新常态，北京社会劳动生产率的提高幅度虽持续增大，但提高速度呈下降趋势。2001～2013 年，北京社会劳动生产率的年增长率为 9.57%，远高于 2013～2017 年 5.86% 的年增长率。

（二）全要素生产率对经济增长的作用明显

随着市场经济体制的完善、对外开放格局的形成以及三次产业结构的优化，北京要素投入结构逐渐优化，全要素生产率对经济增长的作用凸显。根据北京市发展改革委和经济信息中心的测算：1997～2016 年，北京全要素生产率的年均增长率为 4.3%，对经济增长的贡献率为 41.9%，均高于全国平均水平；而在同一时期，资本和劳动对经济增长的贡献率分别为 40% 和 18.1%。在经济发展进入新常态的背景下，北京全要素生产率的增速有所下滑，由 2007～2011 年的平均 5.3% 减少到 2012～2016 年的平均 3.4%，但其对经济增长的贡献率仍然保持在 45.9% 的高水平。

（三）营商环境逐渐改善

随着供给侧结构性改革的不断推进，北京经济发展的软环境逐渐改善。持续推进的简政放权、全面推进的服务业扩大开放、稳步推进的涉企收费清理规范，这些都使实体经济的运行成本有所降低。2017 年，北京精简行政审批事项 1065 项，精简比例达到 68%，清理各类证明 206 项，为企业和社会减负约 400 亿元。北京市企业开办时间由过去的 24 天减少至 5 天（指工作日，下同），社会投资项目办理由过去的 109 天减少至 45 天。

三 增长动力逐渐实现转换

（一）"三驾马车"拉动增长更加协调

近年来，消费、投资和净出口对增长的拉动趋于协调。2005 年以来，北京消费率开始回升，2017 年增加至 60.1%；在同一时期，投资率逐渐降低，2017 年减少至 39.1%。2017 年，北京最终消费支出对地区生产总值增长的贡献率为 65.1%，比资本形成总额高出 31.1 个百分点，货物和服务净流出对增长的贡献率为 1.2%。

"三驾马车"内部结构同样具有明显的优化趋势。消费结构的协调性有所增强，以互联网为载体的新产品、新模式不断激发出新的消费潜力，居民家庭消费开始向居住和服务消费并重转型。2016 年，北京卫生总费用达到 2048.99 亿元，相当于 GDP 的 7.98%。投资结构有所优化，第三产业投资占比从 2011 年开始回升并保持高位。贸易结构更趋合理，加工贸易加快升级，服务贸易持续发展，贸易新业态、新模式不断涌现。2017 年，北京服务贸易进出口总额占进出口总值的 44.3%，自主知识产权、自主品牌的"双自主"企业的出口额超过了总出口额的 20%。

（二）产业结构持续升级

当前，北京围绕疏解整治促提升，持续推动产业结构升级。通过控制增量、疏解存量、优化总量，北京经济已经进入了以服务业为主体的新时期。电子商务、分享经济等以互联网为依托的现代服务业蓬勃兴起，消费升级也带动了教育、医疗等产业快速发展。

从 1994 年开始，北京三次产业结构由"二、三、一"转向"三、二、一"，到 2017 年，北京第三产业产值在地区生产总值中的比重已突破了 80%，达到 80.6%（其中金融业的比重为 16.6%，信息传输、软件和信息技术服务业的比重为 11.5%，科学研究和技术服务业的比重为 10.2%），比第二产业高出了近 62 个百分点，其对地区生产总值增长的贡献率高达 86.7%，服务业已经成为新增企业的聚集地、吸收就业的主力军和税收增长的主渠道。三次产业就业结构不断优化，由 1994 年的 11:41:48 转变为 2017 年的 3.9:15.5:80.6，新业态就业人员不断增加，就业形式更加灵活，全市就业活力进一步释放。

生产性服务业也有力地推动了高新技术企业的发展，信息产业迅速发展，新能源汽车、机器人等产业规模位居全国前列。2017年，北京高新技术企业共有20163家，比2008年增长了6.7倍，纳税总额为1211.8亿元，占全市的34%左右。与此同时，绿色化制造体系加快构建。2017年，北京规模以上工业万元增加值能耗降低了8.7%，煤炭消费比重降低了6%，天然气消费比重提高了4%。

此外，北京农业发展活力不断提高，农业生态功能增强，设施农业效益提升，休闲农业平稳发展。2017年，北京农业的科技进步贡献率超过70%，农村居民人均可支配收入增加至24240元，增长了6.7%。

（三）创新驱动增长逐渐显现

北京紧紧抓住加强全国科技创新中心建设的机遇，不断激发科技创新对增长的驱动力。2017年，北京研究与试验发展经费支出为1595.3亿元，相当于GDP的5.7%，继续保持全国领先地位；技术合同成交总额为4485.3亿元，占全国的33.4%。创新成果转化加速，创新经济快速发展，创新动能不断增强。2017年，北京新经济实现增加值9085.6亿元，达到GDP的32.4%。创新创业日趋活跃，服务环境逐渐优化。2017年，北京共有经国家、市里认定的众创空间289家、科技企业孵化器70家、双创示范基地20家，服务创新创业企业与团队共计7.47万家。

（四）京津冀协同发展继续深入

北京以京津冀协同发展为契机，围绕疏解非首都功能，努力发挥北京经济的辐射带动作用，推动三地产业分工合作，促进三地经济协同发展。2017年，北京关停退出一般制造业企业1992家，调整疏解各类区域性专业市场594家。协同发展三年多来，北京在天津、河北认缴的出资总额高于 5600 亿元，北京对天津、河北的技术合同成交额累计达 418.4 亿元，中关村企业累计在天津、河北设立分公司 3049 家、子公司 3100 家。

第三节　制约北京经济高质量发展的问题

尽管北京经济已经转向高质量发展阶段，但受一些体制机制因素的影响，制约经济高质量发展的矛盾依然存在，与发达经济体相比仍有一定差距。

一　要素质量变革存在差距

（一）物质要素质量与发达经济体相比依然偏低

劳动力质量是凝结在劳动者身上的知识和技能，受教育年限、学习培训等因素的影响，主要源于人力资本投资。尽管 2015 年北京就业人口平均受教育年限已经达到 12.7 年，但仍然低于美国等发达经济体。

资本质量仍然需要优化。北京劳均资本较发达经济体也有不小的差距，特别是房地产开发投资发展粗放，具有高耗能、高排放、高污染等特征，且这类投资在城镇固定资产投资中的比重仍然很高。虽然房地产开发投资总额有所下降，但 2016 年仍然达到了 52.35%。与投资总额过高并存的是房屋总量的供不应求，同 2020 年全面建成小康社会的住房供求平衡状态（套户比 1.05~1.1）相比，北京的房屋供应总量还需要增加，住房资源配置效率仍需提高。此外，房屋质量不高、位置偏远、基础设施不足等问题也影响了居住的质量。

（二）科技成果质量还有很大的提升空间

授权专利中实用新型和外观设计专利所占比重仍然很高，2017

年大约占授权量的57%，原创性、颠覆性的科技成果仍然偏少，最具有创新价值的三方同族专利授权量远低于美国、英国等科技发达经济体。

高等学校、科研院所的科技成果仍有相当一部分停留在实验室阶段，受自身中试条件的制约，使得科技成果在向市场转化的过程中出现了关键环节投入缺位的情况，成果转化主要是技术服务，以技术转让的方式转化的不多。2016年，北京技术转让合同成交额仅占成交总额的2.1%，远低于上海的41.1%。

二　发展效率变革仍有短板

（一）　生产率仍然低于国内外先进水平

尽管北京社会劳动生产率与发达经济体的差距逐渐减小，但受技术设备、人力资本整体水平等的影响，其劳动生产率仍然有非常大的提升余地。2017年，北京社会劳动生产率按当年价格计算为33640美元/人。在国际上，与之可比的是世界银行的按2011年不变价购买力平价计算的就业人口的人均GDP。2017年，北京社会劳动生产率还未达到这一指标的世界平均水平34609美元/人，更低于经济合作发展组织国家的平均水平84133美元/人，仅是美国的30.29%（111056美元/人）、英国的42.4%（79331美元/人）、德国的37.7%（89240美元/人）、法国的36.34%（92582美元/人）的和日本的45.2%（74427美元/人）。

产能利用率不足等问题对投资质量和效率造成了一定的负面影响，使北京资本产出率依然偏低。2016年，北京单位GDP所需的固定资本形成率为37.9%，明显高于美国的19.5%、英国的16.5%、德国的20%、法国的21.9%和日本的23.8%。

受研发效率、科技成果转化率偏低等因素的影响，北京的全要素生产率也低于发达经济体的水平。

（二）微观主体活力仍需提高

规模以上工业企业，特别是规模以上国有工业企业成本费用利润率有下降势头。2016 年北京规模以上工业企业成本费用利润率为8.45%，较 2015 年减少了近 0.4 个百分点；而规模以上国有工业企业成本费用利润率下降得更多，由 2015 年的 15.19% 减少至 2016 年的 13.64%。受土地用途调整难、土地出让价款高等因素的影响，企业参与城市更新、产业升级的积极性不高，新旧产业退快进慢，限制了产业结构升级。

（三）营商环境仍需进一步改善

空气污染、交通拥堵、房价高企等问题制约了高水平人才的聚集，特别是城市副中心和平原地区的新城基础设施和公共服务发展相对滞后，影响了企业的投资经营愿望。专业管理部门条块分割、职能交叉，政府政策碎片化情况不容忽视，政策服务不顺畅，存在政策"最后一公里"的问题。

三 增长动力变革缺少后劲

（一）消费潜力还未释放，投资需求增长乏力，对外贸易大而不强

受消费环境、供给等因素的影响，北京居民消费潜力还未得到充分释放。2016 年，北京的消费率回升至 60%，但还未达到世界平均水平（74.07%），也低于经济合作与发展组织国家的平均水平（78.42%）；比美国低 23.11 个百分点，比英国低 24.15 个百分点，比德国低 12.64 个百分点，比法国低 18.13 个百分点，比日本低15.46 个百分点。

尽管投资在推动北京经济增长的过程中起到了重要作用，但投资结构进一步优化面临着越来越大的压力。受体制机制因素的影响，民

间投资增长乏力，且大部分投资于房地产业。2017 年，北京民间投资呈下滑趋势，较 2016 年减少了 4%，不仅低于全社会固定资产投资增速（5.7%），更远远低于基础设施投资增速（24.4%）。但是，在降杠杆与规范融资平台的情况下，基础设施投资高增速也难以长期持续。在疏解非首都功能的背景下，制造业投资近期也面临着低增长困境。

北京开放经济的传统优势逐渐削弱，传统模式遇到瓶颈，在对外经济交往中自主创新能力不强，出口产品和服务附加值不高。加之当前中美贸易关系紧张，迫切需要适应国际贸易和投资规则，转变对外贸易和投资方式，保持外需对经济增长的作用。

（二）供给端对增长的支撑有限

北京作为全国科技创新中心，科技创新资源还未得到充分利用。一是企业创新能力还不高，核心技术偏少，部分产业领域受制于人。二是企业创新主体地位有待确立。2016 年，北京企业研究与试验发展经费内部支出仅占全市支出总额的 37.8%，落后于上海的 62%，更远低于深圳的 92.6%（仅统计规模以上工业企业）。三是企业创新转化能力仍需提高，科技创新与经济发展脱节的问题还未得到彻底解决。

服务业整体上发展水平偏低，劳动生产率不高的传统服务业比重过大，服务业内部的高端环节发展有限，生产性服务业与工业发展的匹配程度不高，生活性服务业的发展落后于消费升级需求。从事养老服务业的企业数量不多、层次偏低，仍以中小规模供应商为主；养老服务业产业链偏短，大部分以单一服务为主，具有专业水平、连锁化的服务品牌还不多，规模效应还不明显。农村地区养老服务水平更加薄弱，服务项目缺支持、缺途径、缺人才，相关配套设施严重不足，很难满足农村老年人的需要。健康服务业发展依然存在不平衡、不充分的情况，各种资源空间分布不均衡，资源缺乏区与富集区的差距并未缩小，基层健康服务能力偏弱。同时各类健康服务的发展情况各异，医疗卫生服务份额超过健康服务的一半，健康管理与促进服务、健康保险服务等领域发展相对滞后。

北京制造业占比偏低，显著低于类似发展阶段发达经济体典型城市的制造业比重，且制造业集中在少数行业和企业，高技术制造业"单点"发展的情况非常明显，发展基础还不稳固。龙头企业与国际先进企业相比，在构建产业生态圈、引领新技术变革等方面还有不小差距，综合实力偏弱，稳定性和成熟度还逊于世界领先企业。2017年，北京规模以上高技术制造业工业总产值占规模以上工业总产值的20.8%，规模以上工业战略性新兴产业总产值占规模以上工业总产值的21.8%，但产业总体规模偏小，难以支撑制造业持续增长。

农业提质增效限制因素众多。随着农业增加值的减少，农业适度规模经营的水平并未显著提高，规模经营农户不到1%，小农生产仍占多数。"互联网＋农业"发展不充分，现代化的农业流通体系仍需进一步完善和突破，农产品优质不优价，高附加值的农产品占比很小，农业生产经营的利润被绿色生产、清洁生产等要求越摊越薄。

（三）京津冀产业协同格局还未成形

受发展阶段、行政体制等因素的影响，北京对天津、河北的辐射作用依然低于虹吸效应，京津冀产业协同尚任重道远。特别是河北缺少优势产业集群，配套能力不强，承接北京的产业有一定难度。三地税收分成等机制仍不完善，分工合作、有序衔接、优势互补的产业链还未成形，北京的创新成果在天津、河北落地率不高。2017年，北京流向天津、河北的技术合同成交额仅占流向外省份的8.7%，部分创新成果选择在更远的省份转化。

第四节　北京经济发展质量的测度与简要分析

为使实现经济高质量发展有目标、有抓手，北京必须加快研究相关指标体系，集中体现经济高质量发展的内涵要求，把结构、效益等因素融入其中，作为经济高质量发展现状与成果的参考指标。

一　指标体系的构建

根据经济高质量发展的内涵要求，结合北京经济发展的阶段性变化和制约北京经济高质量发展的问题，参考已有专家学者的研究，依据可测、可得、可比、可行和不求大而全但求有特点的原则，课题组构建了由基本面、环境约束、要素质量、发展效率、增长动力和人民生活6类一级指标组成的北京经济高质量发展指标体系（见表1）。

表1　北京经济高质量发展指标体系

一级指标	二级指标	指标性质	编号
基本面 （20%）	GDP 增长率	正向	1
	居民消费价格指数	反向	2
	高技术产业增加值/GDP	正向	3
	城镇登记失业率	反向	4
环境约束 （15%）	万元 GDP 能耗	反向	5
	万元 GDP 水耗	反向	6
	PM2.5 年均浓度	反向	7
要素质量 （15%）	大专以上学历人口/常住人口	正向	8
	发明专利授权量	正向	9
	研究与试验发展经费内部支出/GDP	正向	10

续表

一级指标	二级指标	指标性质	编号
发展效率 （15%）	社会劳动生产率	正向	11
	固定资本形成总额/GDP	反向	12
	规模以上工业企业成本费用利润率	正向	13
增长动力 （15%）	最终消费支出/GDP	正向	14
	全社会固定资产投资增长率	正向	15
	高新技术产品进出口值/进出口总值	正向	16
人民生活 （20%）	城镇居民人均可支配收入/农村居民人均可支配收入	反向	17
	城镇居民人均住房建筑面积	正向	18
	城市养老服务机构床位数	正向	19
	每千常住人口医院床位数	正向	20

二 数据来源、指标处理和权重确定

课题组使用《北京统计年鉴》中的数据，通过定基指数法对指标加以标准化处理，选取 2013 年为基期，以反映党的十八大以来历年的动态变化情况。

标准化方法是：对于正向指标，$X_i^* = X_i / X_{2013}$；对于反向指标，$X_i^* = X_{2013} / X_i$。其中，X_i^* 是标准化值，X_i 是原始数据值，X_{2013} 是该指标 2013 年数据值。鉴于指标体系的性质，课题组综合考虑了各方观点进行赋权，并对同一个一级指标下的二级指标赋予了相同的权重。

对全部指标的标准化值进行加权汇总，得到各分指数和总指数。计算方法是：$y = 100 \times \sum_{i=1}^{n} w_i x_i^*$。其中，$y$ 是总指数，w_i 是 i 指标的权重，x_i^* 是指标的标准化值，总指数的初始值是 100。

三　计算结果分析

根据该指标体系，课题组计算了 2014～2017 年的指数（见表 2）。计算结果显示，党的十八大以来，北京经济发展取得了明显的进步，并表现出以下特点。

首先，北京经济发展总体实现稳步推进。2013 年以来，北京经济高质量发展指数逐年上升，2017 年达到 115.8，较 2013 年提高了 15.8。其中，2017 年的北京经济高质量发展指数较上年增加了 5.57，比 2014 年（2.67）和 2015 年（2.78）的增长幅度高出不少。

其次，北京经济发展在多方面取得了新进展。环境约束、要素质量、发展效率和人民生活方面的指数都有所提高。其中，环境约束和要素质量方面表现突出，2017 年二者的指数分别较 2013 年提高了 6.43 和 6.29；发展效率和人民生活方面也有一定的增长，2017 年二者的指数较 2013 年分别增长了 3.58 和 2.1。

最后，有些指数下滑反映的问题值得注意：一是基本面指数出现了小幅下滑，2017 年该指数较 2013 年降低了 1.07。这主要是因为在经济发展新常态下 GDP 增长率有所下降以及受此影响的城镇登记失业率小幅上升。二是增长动力指数出现了一定的下滑，2017 年该指数较 2013 年降低了 1.53。之所以出现这一情况，是由于增长动力指数中的全社会固定资产投资增长率下滑，特别是民间投资增长率出现了很大的波动，北京仍然需要寻找发展的动力。三是经济发展要素质量中大专以上学历人口占常住人口的比重和研究与试验发展经费内部支出相当于 GDP 的比例、发展效率中的单位 GDP 所需的固定资本形成、规模以上工业企业成本费用利润率具有一定的波动性，对北京经济高质量发展指数的稳定性造成了一定的影响。四是人民生活中的城镇居民人均可支配收入与农村居民人均可支配收入之比上升，城乡收入差距有所扩大，这在一定程度上拉低了北京经济高质量发展指数。

表2 北京经济高质量发展指数

指标	2013 年	2014 年	2015 年	2016 年	2017 年
基本面	20	19.65	19.12	19.05	18.93
环境约束	15	15.71	16.71	18.93	21.43
要素质量	15	15.81	18.62	20.09	21.29
发展效率	15	16.1	16.77	16.87	18.58
增长动力	15	14.41	13.87	14.14	13.47
人民生活	20	20.99	20.36	21.15	22.1
总指数	100	102.67	105.45	110.23	115.8

第五节　北京经济高质量发展的对策建议

当前，北京经济正处在结构调整、动力转换的关键时期，既有新模式、新动能的快速发展，也面临着前所未有的压力和挑战。为此，必须以习近平新时代中国特色社会主义思想为指导，贯彻落实习近平总书记视察北京时的重要讲话精神和中央经济工作会议部署，准确把握社会主要矛盾出现的历史性变化，加快疏功能、转方式、治环境、补短板、促协同，全面做好稳增长、促改革、调结构、惠民生、防风险各项工作，在宏观层面上努力构建公平的政策环境，在微观层面上积极构建有效的市场机制，推动北京经济高质量发展走在全国前列。

一　继续加快人力资本积累，提高社会劳动生产率

在高速增长阶段，经济增长更多依赖劳动和资本等要素的大规模投入；而在高质量发展阶段，经济发展则更多的是由人力资本投入所带来的劳动生产率提高推动的。为此，一是要继续推动教育均等化，加大对非中心城区特别是城市副中心和生态涵养区的教育资源投入力

度，通过提供广泛而有质量的教育服务，提高新增劳动者的素质。二是要重视和完善职业技术教育，加大资金投入，全面开展职业技能培训，造就一批知识型、技能型的一线劳动者。三是要借鉴美国的《联邦科学、技术、工程和数学（STEM）教育五年战略计划》，改革管理体制，推进创新教育，激励市属高等学校、科研院所的人才培养由数量导向向质量导向转型，针对北京经济发展的诉求调整人才培养机制，以高精尖为导向布局相关领域的人才队伍建设，培养一批具有国际影响力的青年人才。四是要激发和保护企业家精神，鼓励其在市场开拓方面锐意进取、在产品开发方面勇于尝试、在组织管理方面敢于创新。五是宣传和弘扬劳模精神与工匠精神，使那些拥有创造力的技术工人既可以获得实实在在的经济利益，又可以获得全社会的认可和尊重。六是要引导技术型领导人员向研究一线流动，投身于科技创新；改革人才评价机制，提高技术转移转化在职称评定中的作用。

二 始终坚持以实体经济为根基，构建现代化经济体系

在高质量发展阶段推动经济迈上新台阶，需要以与首都城市战略定位相适应的现代化经济体系为支撑。而要构建现代化经济体系，则必须把着力点置于发展实体经济上。发展实体经济的重点和难点都在制造业而非房地产业。为此，要发挥北京具有良好制造业基础的优势，把握住实体经济这一根基，以投资高精尖制造业为核心促进实体经济减量提质，进一步打牢产业结构转型升级的基础。一是继续有序疏解与首都城市战略定位不相适应的产业，淘汰低端落后产能，进一步完善新增产业禁止和限制目录，以减重、减负、减量为产业升级创造空间。二是针对建设好创新型产业集群和"中国制造2025"创新引领示范区的目标，重点发展一些在全球范围内具有话语权和优势地位的主干产业与细分行业，在亦庄、顺义布局一些有地区特点、领先全国以至于全球的行业标杆，并积极推动重点产业形成集群。三是抓

住产业结构调整的窗口期，密切关注全球产业发展的新情况，瞄准共享经济、现代供应链等领域，推动新业态、新模式快速成长为全球领先、渗透力强的业态和模式。四是适度超前地布局世界级的智能基础设施，大力发展工业互联网，深化"互联网＋先进制造业"，争取在智能制造、物联网等领域形成全球领先的创新集群。五是满足发展实体经济的需要，以推动制造业高端化为重点，精心打造支持产业细分和高级化的相关配套服务体系。六是适应现代产业和现代城市的发展要求，积极发展现代智能化的生产性服务业和体验式的生活性服务业，提高服务的技术含量、附加价值和文化品位。七是通过新技术的运用构建现代化、规模化的农业体系，发展融环境保护、观光旅游于一体的产业系统，完善农业科技和信息咨询服务体系。八是发挥多层次资本市场的作用，达到虚拟经济和实体经济的良性互动，支持市属优质企业上市融资，推动优质信贷证券化，通过增加优质资产供给化解市场泡沫，引导更多资金流入实体经济领域，为企业持续创新提供激励。九是继续规范政府融资平台，对业已形成的城市基础设施资产可以通过证券化等途径减小债务规模，对新增投资可以选择 PPP（政府和社会资本合作）等途径降低债务风险。十是发展风险投资，引导社会资金流入战略性新兴产业，使中小企业的创新活动能够获得更多的支持，不断发现新的经济增长点。

三　积极发挥科技创新的引领作用，提高全要素生产率

在高质量发展阶段，科学技术依然是第一生产力。为此，要在更大范围、更宽领域、更深层次上实施创新驱动发展战略，构建以企业为主体、以市场为导向、以专家为支撑的创新系统，实现科技创新与经济发展深度融合，统筹协调基础研究与应用研究，以新成果、新优势强化北京作为全国科技创新中心的城市战略定位。一是要明确企业在创新活动中的主体地位，在完善知识产权制度的同时加强对侵权行

为的处罚力度，使拥有创新基因的企业具有自主决策权，可以获得创新活动的收益并承担创新活动的风险。二是要减少政府对科技创新的直接干预，重视运用市场机制，通过营造良好的竞争氛围支持企业凭借创造性毁灭追求利润最大化，以激发市场主体的活力。三是要继续发挥科技政策的导向作用，加强政策的持续性、集成性和系统性，细化和实化已经出台的各项政策，构建与经济高质量发展相匹配的创新生态系统，为北京新旧动能转换创造良好的软环境。四是要把高等学校、科研院所的基础研究能力和企业的应用研究能力结合起来，把科技创新和产业创新结合起来，力争实现新技术、新产品、新产业间的无缝对接，整合多种创新资源，完善产学研多方沟通交流和利益分配机制，提高协同创新效率。五是要加大对基础研究的公共投入，改变以往短、平、快的价值取向，鼓励具有重大意义的基础研究，为应用研究和成果市场化奠定基础。六是要在应用研究方面对标国际前沿，大力发展新能源技术等关键性的现代工程技术，凭借扎实的应用研究取得颠覆性创新。七是要关注技术创新与管理创新的协同，在新一轮信息化浪潮下开拓以互联网与现代物流为基础的新型服务业，积极发展共享经济、平台经济。

四　充分借势"一带一路"倡议，提升全球价值链水平

在经济全球化的大背景下，要与天津联合做好引领向东开放与扩大向西开放的工作，全面拓展开放地域和范围，积极构建以我为主的价值链体系。为此，一是要利用现有的区位优势和政策优势进一步提高吸收外资的质量，大力引进具备全球竞争力的企业，带动北京企业嵌入全球价值链、创新链的中高端环节。二是要高标准谋划北京在"一带一路"倡议中的作用，充分利用沿线国家要素禀赋差异，积极推动载体建设，构建北京承担国家倡议的产业平台，形成北京国际交往的新优势。三是要以提高北京对外贸易效率为出发点，以互联网信

息技术为依托，继续培育和发展国际贸易新业态、新模式，鼓励具有自主知识产权、自主品牌的"双自主"企业拓展全球市场，实现"优进优出"，使对外经济活动成为助力产业结构转型升级的新渠道，并以与"一带一路"沿线国家的贸易合作分散国际市场风险。四是要引导市属龙头企业根植国内市场与拓展国际市场双管齐下，支持企业"走出去"并在全球范围内配置具有国际竞争优势的产能或在设计、研发等高附加值领域积累相关经验，塑造北京企业在开放经济下的新优势。五是要坚持"引进来"与"走出去"有机结合，积极发挥国家对外文化贸易基地的集聚优势，拓展对外文化交往和产业合作的渠道，推动文化贸易持续增长。

五　持续关注地区均衡发展，努力提高居民生活品质

北京经济高质量发展的最终目的是满足人民日益增长的美好生活需要，这不仅要求各类市场主体在要素资源、产业发展等方面有所作为，也对经济活动的空间载体建设提出了新的要求。现阶段京津冀地区之间、北京各区之间的发展差距还很大，要积极推动区域协调发展，在兼顾各地利益的前提下，拓展各地居民增收渠道。当前，北京要把握住城乡居民消费升级的契机，为经济发展提供有力支撑。一是发挥收入再分配在共享发展成果、防止两极分化中的重要作用，探索发展和共享的平衡点。二是稳步推进产城融合发展。对城市功能布局和产业调整方向进行分类梳理，加强乡镇居住集中地区周边的产业功能，推动一些产业园区尤其是以服务业为主的园区向城区转变。三是支持企业通过集团化发展提供养老、健康产品和服务，形成品牌，鼓励民间资本通过收购、兼并等方式实现跨地区合作和资源共享，加强农村地区养老、健康基础设施建设，支持有实力的养老、健康服务供应商为山区村送产品、送服务。四是有针对性地因地施策，健全土地储备制度，盘活存量土地，优化供给结构，综合考虑疏解整治促提升

的需要，做到有疏有堵。五是提升住房建设质量，推动住房建设标准化、信息化、智能化，完善配套设施，优化人居环境，对既有居住区进行有机更新，继续推进老旧小区综合整治、棚户区改造、简易楼腾退等工作，改善居住条件，保护古都风貌。六是继续优化京津冀三地产业布局，理顺产业分工合作关系，深入开展多方面的合作，尤其是在政府合作外激发各园区、各企业的积极性，构建在京研发、在津转化、在冀投产的产业链条，促进产业要素聚集，共同构建三地优势产业集群。七是打破限制京津冀间要素流动的体制机制，抓紧研究三地税收分成等机制，推动三地产业政策统一，争取在重点领域形成协调的产业环境。

六　强力推动各项改革措施，激发市场主体活力

在高质量发展阶段，仍然要坚持向深化改革要动力、要活力，系统谋划具体改革举措，打造北京体制、机制新优势。一是要着力深化"放管服"改革，进一步优化营商环境，加快推进已经启动的改革事项，特别要抓好标志性、支柱性和引领性的改革举措，给予市场主体更多的自主权，减轻市场主体在融资、物流、用能等方面的负担。二是要继续推进供给侧结构性改革，将提升供给端质量作为主攻方向，对业已形成的不符合首都城市战略定位的产能，要坚决停止输血，并更多地采用环保政策、竞争政策等市场手段化解落后产能，优化存量资源配置，挤出实体经济中的水分，淘汰僵尸企业。三是要纠正不合理的优惠政策特别是融资便利，降低企业特别是国有企业的杠杆率，防止在增量部分产生无效供给，让市场主体承担竞争的后果，同时可以采用技术补贴等方式支持部分有潜力的企业完成技术升级。四是要构建产业布局调整统筹协调机制，对全市的产业项目和政策进行整合，强化产业布局调整全市统筹，细化中心城区、城市副中心、新城的产业发展定位，实施差别化的政策措施，形成各地区产业发展的梯

度，防止各区产业同质化。五是要激发民间投资的活力，健全城市基础设施、公共服务等 PPP 供给方式，支持社会资本流向医疗、养老等新业态，消除民间投资政策阻碍，降低民间企业的进入成本。六是要提高政府服务产业发展的能力，健全政府采购、税收优惠、产业投资基金等的政策规则，增强其公平性，提升精细化管理能力，为产业发展提供便利，降低通勤、租房等成本，打造效率和品质兼顾的整体环境。七是要构建大数据、信息化管理平台，整合政府各部门数据，为精准服务企业提供信息支撑。八是要进一步加强对经济高质量发展指标体系的研究，对就业人口平均受教育年限、调查失业率等指标进行例行统计，对系统衡量物质资本质量的指标纳入统计范围。

七 努力构建环境友好型发展体系，实现可持续发展

针对北京当前资源环境约束趋紧的情况，要继续践行绿色发展理念，推动经济向资源节约型、环境友好型发展，这不但有利于城市和自然的和谐共生，也可以激励创新、提高全要素生产率。一是以创新为引领，把握以互联网信息技术为核心的产业革命契机，通过大数据的运用缩减业务流程和资源消耗，通过互联网的运用降低时间和交通成本，减轻经济发展对资源环境的破坏。二是以市场为导向，大力发展环保产业和绿色金融，构建低碳经济体系。三是健全资源节约高效利用的管理体制，强化政府投资领域的绿色化、智能化标准，制定土地资源集约利用规范，修订各类建设用地标准，强化建设用地开发强度和投资强度，推行包含土地使用动态监测、绩效监督的全周期管理。四是聚焦区域性环境保护与资源利用，打破行政区划的藩篱，完善区域统筹协调机制，由分区治理转向统一治理。

第二章

产业高质量发展研究

党的十九大报告指出："我国经济已由高速增长阶段转向高质量发展阶段。"[①] 近年来，北京市主动适应经济发展阶段变化，深入实施非首都功能疏解，积极落实京津冀协同发展战略，加快调整产业结构，在推进经济"瘦身健体""提质增效"中，努力构建"高精尖"经济结构，推动首都产业向高质量发展转变。

第一节 产业高质量发展的主要做法和成效

一 产业结构调整升级步伐加快

围绕疏解提升一体化，持续推进产业结构优化调整。严控增量，制定实施新增产业的禁止、限制目录，城六区禁限比例达到79%，截至2017年底，累计不予办理工商登记事项达1.86万件。疏解存量，实施非首都功能产业疏解，累计关停退出一般制造业企业1992家，

---

① 习近平：《决胜全面建成小康社会 夺取新时代中国特色社会主义伟大胜利——在中国共产党第十九次全国代表大会上的报告》，人民出版社，2017，第30页。

疏解各类区域性专业市场 594 家。① 优化总量，制定高精尖产业指导目录，出台"10＋3"高精尖产业发展系列政策，发布实施进一步优化提升生产性服务业意见、生活性服务业三年行动计划等措施，加快产业结构优化升级。2017 年，全市服务业增加值占比达到 80.6%，金融业、文化创意产业增加值占比分别达到 16.6%、14%，科技、信息等生产性服务业对全市经济增长贡献率超过六成，高技术制造业和战略性新兴产业对工业增长的贡献率接近五成。②

二 创新支撑产业发展日益突出

立足全国科技创新中心定位，不断增强创新驱动的内生动力。创新成果转化不断加强，积极推动中关村自主创新示范区先行先试，实施"京科九条""京校十条"等支持创新成果转化措施。2017 年，全市研究与试验发展经费支出占 GDP 的 5.7%，继续保持全国领先地位，全市技术合同成交额达到 4485.3 亿元，占全国的比重达到 33.4%。创新创业日益活跃，实施推进大众创业、万众创新的政策意见，中关村创业投资、天使投资案例与金额均占全国的 40% 左右，众创空间为 219 家，独角兽企业为 70 家，均位居全国领先地位。新经济快速增长，平台经济、数字经济、共享经济等新业态，以及直播教育、远程医疗等新模式大量涌现，2017 年新经济实现增加值 9085.6 亿元，占全市地区生产总值的 32.4%③，创新发展动能不断增强。

三 产业发展的质量效益持续提升

适应高质量发展要求，持续推进产业"提质增效"。2017 年全市规模以上服务业企业收入利润率达到 23.2%，规模以上工业企业利润

---

① 数据来源：《2017 年北京市政府工作报告》。
② 数据来源：北京市统计局：《2017 年国民经济与社会发展统计公报》。
③ 数据来源：北京市统计局：《新经济蓬勃发展、拓展新领域新空间》。

同比增长 27.5%，中关村示范区规模以上企业人均利润增长 26.1%，企业效益不断提高。2017 年全市规模以上工业全员劳动生产率达到 40.8 万元/人，同比提高 3.5 万元/人①，产业发展质量进一步优化。要素利用效率不断提升，老旧厂房利用机制不断完善，腾退空间产业注入形成新动力，大兴集体建设用地改革试点拓展产业发展空间，亦庄经济技术开发区实行工业用地弹性出让、项目承诺制等办法，单位土地投资、产出强度及科技创新、生态环保等指标居全国开发区前列，以占全市 0.35% 的土地、1.1% 的工业用水支撑全市 18.3% 的工业产值。积极推动节能降耗和绿色低碳发展，率先建立碳排放权交易市场，2012~2017 年万元地区生产总值能耗、水耗和二氧化碳排放分别累计下降 22.5%、22% 和 28.2%，能源利用效率居全国首位。②

四　产业空间布局不断优化

结合全市功能布局调整，有序优化产业空间结构。不断提高新城产业发展水平，加快城市副中心、郊区新城建设，积极承接中心城区产业溢出，2017 年副中心投资增长 16.9%，高于全市 11.9 个百分点，"多点"区域 GDP 增长 8.5%，高出全市 1.7 个百分点，对全市经济增长贡献率达到 20.8%，郊区产业持续提升。聚焦"三城一区"规划建设，布局国家重大科技项目和创新发展资源，发挥创新空间的集聚优势，加快推动经济动能转换。促进高端产业集聚发展，2017 年中关村示范区总收入超过 5 万亿元，CBD（中央商务区）吸引外资企业突破 1 万家，金融街金融机构资产规模占全国近 40%，高端产业加速聚集。推动薄弱区域发展，实施三个阶段城市南部地区行动计划，2011~2016 年城南三区投资、消费年均增速高于全市 2.1 个、

---

① 数据来源：北京市统计局：《2017 年国民经济和社会发展统计公报》。
② 数据来源：《2017 年北京市政府工作报告》。

4.0 个百分点，加快首钢地区产业转型，国家体育产业示范区、国际人才社区等新功能陆续落地，出台促进功能性小城镇发展政策措施，打造基金小镇等一批特色小镇，推动城乡产业协调发展。

五 产业发展环境更具优势

深入推进供给侧结构性改革，不断改善产业发展"软环境"。持续推进简政放权，精简行政审批事项 1065 项、精简比例达到 68%。[①] 实施"一会三函"审批改革试点，切实提升审批服务。积极推进服务业扩大开放综合试点，推出一批具有全国示范意义的举措，出台关于扩大对外开放提高利用外资水平的意见，深化服务贸易创新发展试点，涌现出一批外资新业态。制定做好民间投资工作的措施，分批推出吸引民间投资的项目，出台降低实体经济成本方案，清理规范企业收费，2017 年为企业和社会减负约 400 亿元。制订优化营商环境实施方案，大幅节约企业时间。比如，将企业开办办理时间从 24 天压缩至 5 天、压缩 80%；社会投资建设项目办理从 109 个工作日压缩至 45 个工作日以内，在全国 22 个试评价城市中排名首位。[②]

六 京津冀产业协作走向深入

落实京津冀协同发展战略，积极促进三地产业协同合作。以"2 + 4 + N"产业转移承接重点平台为抓手，加强产业链协作分工。发挥 2022 年冬奥会筹办的牵引作用，与河北共同建设京张文化体育旅游产业带。引导钢铁、石油、汽车、医药等项目向曹妃甸、沧州等城市溢出转移，在更大的空间范围内优化产业布局，提高首都产业的

---

① 《2017 年北京市政府工作报告》。
② 《发改委 22 城营商环境排名出炉：北京第一》，《法制日报》2018 年 9 月 6 日。

辐射带动能力。深入推进京津冀全面创新改革试验，发挥中关村科技创新的引领作用，推动中关村与天津滨海、石家庄、保定等合作共建园区发展，科技创新园区链初步形成，中关村企业在津冀设立分支机构超过 6100 家，北京企业在津冀的投资认缴额达 5600 亿元，输出到津冀的技术合同成交额超过 550 亿元。

第二节 产业高质量发展存在的问题

一 产业发展的效益有待提升

经济效益是产业高质量发展的重要因素。与国内外先进城市相比，北京产业发展的经济效益还不高。从全社会劳动生产率看，2017 年全市劳动生产率约为 22 万元/人，远低于东京都市圈（75 万元/人）、大伦敦（90 万元/人）、巴黎大区（94 万元/人）和纽约大都市圈（99 万元/人）。从地均产出看，2015 年全市建设用地的地均产值约为 810 万元/公顷，低于上海的 835 万亿/公顷，不及深圳 1862 万元/公顷的一半。2015 年全市地均税收约为 161.7 万元/公顷，低于上海的 179.7 万元/公顷，不及深圳 392.6 万元/公顷的一半。从具体产业看，工业支柱产业竞争力相对不足，2017 年汽车制造、电子制造主营收入利润率仅为 7.9%、3.3%，低于工业的整体水平（8.1%）。服务业细分产业效益不高，科技、信息服务业生产率均低于广州、深圳。2017 年金融业劳动生产率约为 77.14 万元/人，低于上海（118.7 万元/人）、深圳（200 万元以上/人）的水平。这些数据都反映出，北京产业发展的经济效益仍有相当大的提升空间。

二 产业空间布局仍需优化

北京产业发展还存在不均衡、不协调的问题，产业空间布局与落实首都城市战略定位，特别是城市总体规划的要求还有不相适应的地方。一是产业功能过度集中在中心城区，郊区产业发展相对滞后。中心城区承载了全市70%以上的就业人口与经济规模，而占全市68.8%城乡建设用地的郊区，仅贡献全市经济规模的30.5%。二是郊区产业发展层级和质量还不高。城六区以外的平原五区2016年人均GDP为6.99万元，不足全市平均水平的2/3。郊区产业园区的效益普遍较低，2016年中关村示范区地均产出约为1亿元/公顷，郊区园只有顺义和亦庄超过这一水平。三是各区产业同构现象较为严重。比如，汽车产业成为多个郊区的主导产业，顺义、平谷、怀柔汽车及零部件制造业产值占全区工业产值比重均在六成左右，大兴、房山也分别占到40%和20%以上，差异化、特色化发展不明显。

三 产业内部结构调整还不到位

从服务业看，其占比较高，但其内部结构高端环节占比不高。服务业占GDP的比重在80%左右，具备了后工业化阶段服务主导的经济特征，但服务业内部高端、新兴环节发展较慢，劳动生产率较低的传统行业就业人口占比偏高。商务服务业就业人员超过140万人，占全市的13.5%，远高于上海的9.5%、广州的3.3%和深圳的2.8%。

从工业看，其增长新动力不足。战略性新兴产业、高技术制造业占规模以上工业比重均为20%左右，总体规模较小，不足以支撑工业持续增长。制造业过于集中在少数行业和少数企业，高技术制造业单点支撑现象突出，制造业增长基础不稳固。[1] 汽车制造业占工业增加值超过20%，但北汽、福田等自主品牌企业仍停留在产业链低端，高端制造业发展水平不高，高技术制造业增加值率仅相当于美国、日本

---

① 北京经济信息中心：《2017年北京市投资形势分析及2018年展望》。

等发达国家的一半左右。

四 产业协同发展格局尚未形成

受京津冀区域行政体制制约、地区发展阶段不同等因素影响，北京对要素资源的虹吸效应大于对周边的辐射效应，京津冀产业联动发展依然任重道远。

从产业联动发展基础看，2017 年北京市三次产业构成为 0.4∶19.0∶80.6，天津为 1.2∶40.8∶58.0，河北为 9.8∶48.4∶41.8[①]，产业梯度落差较大，尤其是河北省产业布局分散、缺少优势产业集群、配套能力较弱，区域内缺乏次中心城市，难以承接北京的产业功能辐射，分工协作、相互衔接、优势互补的完整产业链条还未形成。

从联动发展机制看，跨区域的产值分享、税收分成等协同机制不完善，三地产业链协同尚未有序融合协作，津冀制造业产业升级与北京技术研发的对接不紧密，北京科技研发成果在津冀落地转化率较低。2016 年流向津冀的技术合同仅占北京流向外省市的 7.7%[②]，一些创新成果跨越京津冀在长三角、珠三角转化。

五 创新资源优势未能充分发挥

北京作为全国创新资源富集的城市，科技文化资源优势和潜力还需进一步释放。一是原始创新能力还需提升。作为全国科技创新中心，北京原始创新能力不足、原创性技术缺乏、核心成果较少，部分领域技术受制于人，集成电路、智能制造等行业对发达国家核心元器件依赖程度较高。二是企业创新主体地位尚未确立。全社会研发投入中企业占比不足 40%，低于上海（60%）和深圳（90% 以上）的水

---

① 数据来源：北京、天津、河北三省市《2017 年度国民经济和社会发展统计公报》。
② 数据来源：《2016 年北京技术市场统计年报》。

平。企业研发投入强度不足1%，远低于创新能力较强国家4%的平均水平，规模以上企业研发经费指数仅相当于上海、深圳的50%和40%。三是研发成果质量有待提升。PCT（专利合作条约）专利申请量仅为深圳的一半左右，北京企业PCT专利申请量不及深圳企业的1/5。技术开发和技术转让合同成交额占全部技术合同成交额的20%左右，低于上海60个百分点。四是科技创新转化能力不强。科技成果产业化的动力和活力仍显不足，技术交易额中留在本地产业化的仅有不到1/3，高等院校科技创新与企业技术进步需求不能有效对接，体制内科技资源活力还有待激发，以企业为主体的产学研协同创新机制尚未全面建立，科技与经济"两张皮"问题尚未得到根本解决。五是文化创新能力不强。文化市场培育滞后，文化资源尚未充分整合利用，未能转化为文化产业发展优势，与伦敦、巴黎等具有国际影响力的文化中心城市相比，在文化产业竞争力、文化品牌效应等方面存在较大差距。

六 产业发展活力还需激发

受制于体制政策障碍和行业部门壁垒，北京产业发展的市场活力仍需进一步激发。一是民营经济的发展动力还没有充分释放。中央在京单位创造了全市1/3左右的GDP，规模以上民企只创造了全市17%左右的GDP，民间投资在京投资意愿仍显不足，自2016年以来由两位数的高速增长转为持续负增长，民间资本对房地产开发投资的比重仍超过七成。"大国有、小民间"的投资格局没有改变。二是产业疏解中新旧产业"退快进慢"。受到土地性质、规划指标调整难和补缴地价款高等因素制约，企业参与城市更新、产业升级的积极性不高，部分腾退出来的土地资源再利用推进缓慢，一些厂房仓库、工业大院处于闲置状态，制约产业结构升级。三是营商环境仍需持续改善。人口膨胀、交通拥堵、空气污染、落户难、购房购车难等问题，限制了创新人才的集聚，特别是郊区新城公共服务及基础设施建设滞后，政府审批服务效率不高，企业租建办公场所难，影响了企业投资经营意愿。政府产业政策"多头管理""碎片化"现象比较严重，政策资源统筹不利、政策服务对接不畅，存在政策"最后一公里"问题。

第三节　推动产业高质量发展的政策建议

推动北京产业高质量发展，必须牢牢把握首都城市战略定位，顺应城市功能调整的要求，落实城市总体规划的空间安排，推动产业布局、发展与城市战略定位相适应、相一致、相协调。必须深入把握北京发展的阶段性特征，研究减量发展的新路径，强化创新发展的新动能，推动经济发展质量变革、效率变革、动力变革。必须积极推进京津冀协同发展，加快建设协同创新共同体，在构建世界级城市群的过程中，提升北京产业的核心竞争力、影响力和辐射带动能力。

一　构建与城市战略定位相适应的现代产业体系

首都城市战略定位是首都产业高质量发展的重要遵循和依据。当前北京市产业发展中存在的一些问题，在一定程度上是由于产业发展方向、路径与功能定位相偏离所造成的。所以，必须紧紧围绕提升首都功能推动调整产业结构，有舍有得，"进退优提"，构建具有首都特点与优势的现代产业体系。"进"是进一步完善和强化"四个中心"功能相关的产业支撑体系，特别是从全国科技创新中心、文化中心、国际交往中心功能出发，谋划发展科技创新、文化创意产业集群以及与首都功能相匹配的总部经济、平台经济等，吸引聚集重点领域的人才、技术、资本、研发机构、国际组织等高端要素，增强对国家战略的服务能力、对全国产业的引领能力和对全球资源的配置能力。"退"是有序退出非首都功能产业。持续实施"疏解整治促提升"专项行动，有序淘汰"散乱污"等低端业态和落后产能，完善新增产业、禁止限制目录，探索非首都功能产业动态优化、退出机制，通过功能减负、要素减量为产业升级腾出空间。"优"是优化产业内部结构。推动三次产业细分结构调整，强化第一产业的生态保育和城市人文服务功能，大幅提高战略性新兴产业和高技术产业在第二产业中的比重，促进制造业服务化、智能化发展，推动从生产型制造业向研发服务型、集成平台型转变，增强服务业科技含量和专业化程度，强化科技创新、现代金融、人力资源等对实体经济的服务能力。"提"是提升产业发展层级。发展高精尖的产业、产品和服务，聚焦十大高精尖产业的关键环节，占据产业链制高点，在互联网、大数据、人工智能等领域培育新业态，在中高端消费、新兴人文服务等领域培育新供给，加快发展创新引领、高端高效、融合协调的高精尖产业。

二 以非首都功能疏解为契机重塑产业空间格局

随着北京城市总体规划落地实施和非首都功能疏解的深入，首都城市空间结构面临新调整。一是加强产业布局调整统筹机制。整合全市产业政策、资金和项目资源，加强产业布局市级统筹，细化中心城、城市副中心、郊区新城的产业定位，分区给予不同政策优惠，促进各区集中打造优势产业，避免同质化竞争。通过实施中心城与郊区水电气热等资源差别化价格、产业准入差别化门槛等措施，以及环保、能耗等管理标准，构建中心城区与郊区新城产业发展的梯度政策机制，引导中心城区产业向郊区辐射外溢。二是推动中心城区产业"腾笼换鸟"。加快中心城区城市更新，高效利用腾退空间发展"高精尖"产业，转变以增量开发为主的投资、建设管理机制，研究存量土地二次利用的政策，特别是明确自主升级改造、调整规划用途等操作细则。三是提升郊区产业承载能力。结合郊区新城各自发展优势和功能定位，比照中心城区，全面提升基础设施、公共服务水平，优化郊区产业配套环境，将功能设施、公共资源与企业项目等打包组合、转移承接。比如，在高等院校、医疗机构疏解中搭配其他功能设施、企业或项目，谋划建设科教园区或医药小镇，按照"大院大所＋大企业＋项目组团"模式，整体提高新城产业发展层级。四是分类推进产城融合。分类梳理调整产业与城市功能布局，强化天通苑、回龙观等居住集中区周边的产业功能，促进部分产业园区特别是以服务业为主的园区向城区转变，推动集中建设区外的制造业向产业园区集中布局。

三 发挥创新资源优势，加快培育经济发展新动能

创新资源富集是首都产业发展的禀赋优势，强化创新驱动是在减量约束下实现产业高质量发展的根本路径。一是加快建设原始创新高地。推进"三城一区"创新主平台建设，承接建设国家重大科技基础设施、国家实验室，吸引聚集国际化、市场化的专业研究机构或新型科研院所，培育引进企业技术创新研发中心，打造多方主体、多元体制竞合协作的原始创新集群。增强对前沿技术特别是国内"卡脖子"技术的研发供给，组建技术联盟集中攻关，切实发挥原始创新策源地的作用。二是加速促进创新成果转化。加强创新制度供给，构建以企业为核心的创新体系，完善企业创建研发组织、加大研发投入的税收等优惠政策。整合现有技术产权交易机构，吸引科研机构、风险投资及企业，研究创建创新研发在线服务交易平台。依托高等院校、科研院所建设一批技术孵化器，建立研发资源共享或企业有偿使用机制，完善科研人员创新成果市场定价、转让入股等激励政策。三是完善创新创业生态。推动创新资源与金融资本、专业服务有机融合，聚集创业投资与知识产权、人力法律财务专业服务机构，补充补强中试机构、模具试制等环节，形成"研发中心＋专业服务＋核心生产"创新转化生态环境。此外，尤其要在疏解整治中，为年轻人创新创业保留

或提供低成本空间，保护好创新发展的底层元气。

四 深化政策管理措施促进产业质量效益提升

推动产业高质量发展，必须坚持质量第一、效益优先，有效提高产业发展的质量和效益，以更少的要素资源投入创造更多的经济价值。这需要建立、健全产业高质量发展的政策管理机制，倒逼数量驱动向质量驱动转变，提高科技进步贡献率和全要素生产率，推动粗放扩张式增长转变为集约内涵式发展。一是建立高质量的评价考核指标体系，借鉴浙江"以亩产论英雄"的经验，改变以 GDP 规模、增速为主要指标的评价考核体系，建立以地均产值、人均税收、单位产值能耗、水耗等效率指标为主的评价考核体系。在高精尖产业指导目录的基础上，鼓励各区、各园区建立适应自身发展需求的准入机制，引导各区（街镇）、各园区及行业企业转向高质量发展。二是完善要素集约高效利用的管理机制。强化高质量的标准管理，提高政府投资领域的环保节能、智能等方面技术标准，鼓励引导行业制定或更新技术规范、质量管理等标准。制定土地集约利用标准，修订各类设施用地标准，加强建设用地开发强度、投资强度、人均用地指标及用途管控，实施涵盖土地利用动态监管、绩效评估的全生命周期管理。推广亦庄工业用地弹性出让、项目承诺制经验，在降低土地成本的同时提高周转效率。三是构建产业发展的大数据管理平台。整合统计、税务、国土、供电等部门数据，逐步搭建重点产业发展的信息数据平台。比如，建立包含销售、纳税、用地、用能等情况的规模以上工业企业大数据平台，建立包括各园区基础信息、经济运行、产业发展等情况的产业园区大数据平台，为精确服务企业、考核园区提供信息支撑。

五 加强京津冀产业协同、建设区域创新共同体

强化城市群发展已成为当前全球城市竞争的主要形式，纽约、东

京等城市都已形成具有全球影响力的城市群经济。京津冀协同发展为建设以北京为核心的世界级城市群提供了历史机遇，也为首都产业高质量发展提供了更广阔的经济腹地。京津冀协同发展有利于北京创新资源在低成本空间上延伸产业链，有利于提高产业竞争力和辐射带动力。一是优化区域内产业分工。立足三省市功能定位和资源禀赋，推动产业转移对接，理顺产业分工协作关系，形成以北京研发、津冀成果转化的创新产业链，依托京津、京雄、京保石、京唐秦等区域通道，推动产业要素聚集，培育发展产业协同轴带。二是协同打造制造业集群。结合"中国制造2025"的战略布局，利用好北京创新资源和津冀制造业基础，在首都功能转移中，统筹考虑产业链条的对接、整合和协作，选取高端制造、智能装备、新能源及新材料等若干行业，共同打造区域优势产业集群。三是创新产业合作模式。广泛开展多层面的产业合作，特别是在省市政府合作之外，调动各区、各园区以及各企业等多方主体协同的积极性。综合实施对口援助、园区共建、飞地经济以及共建产业走廊、实行园区代管等多种模式，推动三地产业协同向纵深发展。四是完善产业协同机制。破除阻碍产业协同、要素流动的政策机制，研究建立制造业疏解承接、产业园区共建中面临的产值分计、税收分成机制，推动三地产业管理政策统一，加大政府、院校、企业等人员的交流力度，力争在重点区域、重点领域形成互补共生的产业环境。

六 持续深化改革开放，释放产业高质量发展活力

全面深化改革是推动产业高质量发展的关键动力。当前，尤其要突破制约创新发展的体制机制障碍，调整不适应减量发展的政策措施，进一步释放推动产业高质量发展的制度红利。一是深化"放管服"改革，逐步取消或下放行政审批权限，利用互联网优化审批流程，大幅削减企业或个人到政府办事的时间。以更好的营商环境，降

低各种制度性交易成本,对冲房价租金成本、用工成本、物流上涨等的不利影响。二是推动服务业扩大开放试点。深入推进服务业扩大开放试点,对接国际经贸规则,借鉴国内自贸区的政策创新,在服务贸易、金融业开放等领域创新政策。比如,放宽外资进入金融业的限制,扩大外资在银行、证券、保险、电信、旅游等领域经营范围,塑造北京服务业发展的独特制度优势。三是激发民间投资活力。创新城市公共服务提供方式,完善基础设施等领域 PPP 政策,鼓励社会投资文化、体育、养老、健康医疗等新兴业态,破除民营企业投资的政策障碍,降低民营企业进入成本,进一步激发民间投资活力。四是提高政府服务产业发展的水平。加强市区产业政策统筹,完善产业基金、政府补贴、税收优惠、企业认定、政府采购等政策规则,提高产业政策的有效性和公平性。推进供给侧结构性改革,持续改善营商环境,加强城市精细化治理,为产业发展提供更方便的服务、更大的空间,降低交通出行等外部成本,营造兼顾城市品质与运行效率的良好发展环境。

第三章

科技服务业高质量发展研究

近年来，北京市科学技术委员会（以下简称"市科委"）围绕全国科技创新中心建设和"高精尖"经济结构构建任务，科技服务业在服务科技创新事业、促进成果转化、支撑供给侧结构性改革、促进新旧动能转换，以及北京经济高质量发展等方面发挥了重要作用，为促进经济增长提供了有力支撑。

第一节　主要工作及成效

一　推动科技服务业蓬勃发展，成为促进产业转型升级的新力量

2018 年 1~6 月，科技服务业实现增加值 1640.5 亿元，同比增长7.8%，高于 GDP 增速 1 个百分点，高于第三产业 0.6 个百分点，占GDP 比例达 11.7%，同比上升 1.9 个百分点。科技服务业增加值在第三产业中排名第 2 位，仅次于金融业。2018 年 1~5 月，北京市科技服务业 3269 家法人单位实现收入 2583 亿元，同比增长 13.2%，利润为 106.4 亿元，同比增长 37%，从业人员平均收入 58 万。2018 年 1~

6月，全市认定登记技术合同 31490 项，同比增长 8.2%，全市技术合同成交额为 2063.1 亿元，同比增长了 25.2%。

2017 年 12 月，随着《中共北京市委、北京市人民政府关于印发加快科技创新构建高精尖经济结构系列文件的通知》的颁布，发展科技服务业、新一代信息技术等十大高精尖产业成为北京市科技服务业的重点工作。市科委深入推进服务业扩大开放综合试点，主动争取更多国家层面的改革开放措施在京先行先试，不断拓展科技服务业开放的深度和广度。放宽科技服务细分领域的外资准入，完善总部经济政策，吸引跨国企业在京设立研发总部。打造国际化技术转移枢纽，推进创新要素与成果的聚集。争取公安部支持，出台支持北京创新发展 20 项出入境政策措施，将 15000 余家科技服务企业和高技术企业纳入试点范围，研究制定北京市积分落户管理办法，为科技服务业等领域创新人才在京发展清障。联合市统计局共同开展科技服务业统计指标体系研究，建立统计制度，实现科技服务业进展数据按月度监测，及时掌握行业发展动态。注重发挥社会组织在整合行业资源、促进行业自律、规范行业发展中的作用，发起成立首都科技服务业协会，积极发挥政府在产业发展中的推动作用。设立科技服务业促进科技专项，每年安排资金近 6000 万元，采取后补贴方式支持科技服务业领域项目。

二 注重高新技术企业的发展，促其成为创新创业主力军

截至 2018 年上半年，北京市注册科技型企业累计超过 53 万家。近年来北京高新技术企业发展态势迅猛，数量由 2008 年的 2634 家增至 2017 年的 20163 家，增长了 6.6 倍，年均增长率达到 25.37%。北京市高新技术企业数量位居全国第二位，与广东（含深圳）、江苏位于全国第一梯队，三地高新技术企业总量占全国的五成以上。2017 年，全市高新技术企业实现总收入 25168.2 亿元，销售收入 24487.3

亿元，利润 2809.3 亿元，实现利润率 11.5%。企业人均销售收入为 119.7 万元，人均创造利润为 13.77 万元。全市高新技术企业从业人员总数为 204.5 万人，占全市企业就业人数的 18% 左右；新增就业人员为 40.6 万人，同比增长 39.04%；科技人员总数为 83.2 万人，占高新技术企业职工总数比例达到 40.6%。2017 年，全市高新技术企业纳税总额为 1211.8 亿元，占全市税收总额的 34% 左右；其中部分企业因享受所得税优惠政策，减免额达到 217.4 亿元；2016 年度，全市企业享受研发费用加计扣除税收减免 94 亿元。

三　推进科技成果转化，为高质量发展提供科技成果供给

为落实市委、市政府部署，市科委和相关市级部门一起，加快推进"科技成果转化统筹协调与服务平台"建设，加强高校和科研院所科技成果转移转化，为科技产业高质量发展提供科技成果供给。坚持问题导向，补齐科技成果转化关键环节短板，建立符合科技创新规律和市场经济规律的成果转化工作体系，强化技术、资本、人才、服务等创新资源的深度融合，激发全社会创新主体活力。坚持改革突破，深化科技体制机制创新，更好发挥政府作用，按照"抓两头，打通道，汇聚四方力量"的思路，抓高校院所源头项目，抓相关区落地承接，打通政策落地"最后一公里"，搭建成果对接服务平台，汇聚各相关市级部门、各高校和科研院所、各相关区、各市场主体的力量，构建"5433"工作格局，形成科技成果转化落地的强大推动力，协同推进科技成果转移转化。

四　创新创业服务全面升级，成为经济发展的新动能

目前，全市包括众创空间、科技企业孵化器、大学科技园等在内的各类双创服务机构近 400 家。其中，经国家或北京市认定、备案的众创空间 289 家，科技企业孵化器有 70 家，大学科技园有 29 家，国

家专业化众创空间有 5 家,国家双创示范基地有 20 家。2017 年 19 家众创空间被认定为国家高新技术企业,较 2016 年翻两番;2017 年双创机构服务创新创业企业和团队共计 7.47 万家,比 2016 年翻了一番;双创服务机构累计毕业企业 3.4 万家,累计吸纳社会就业 61 万人,服务的创新创业企业和团队累计拥有知识产权 7.61 万项,同比增长 53%。

北京市引导大企业、科研院所和高校开放资源,促进众创空间专业化发展。通过科技服务业科技创新创业专业开放平台子专项来支持建设科技创新创业专业开放平台。支持众创空间自主探索、自我管理、自律发展,探索各具特色的发展模式。2017 年,全市超过 1/4 的双创服务机构注重搭建专业技术平台,围绕科技创新和成果转化方面的需求,在研发众包、大数据、检验检测、工程技术实验室等方面搭建了 77 个专业服务平台。依托众创空间联盟,开展第五批北京市众创空间备案,截至 2018 年底,共备案北京市众创空间 282 家。启动科技服务业创新创业机构建设促进子专项,支持北京市经认定和备案的科技企业孵化器、大学科技园、众创空间发展。组织第七届中国创新创业大赛北京地区赛暨北京银行杯中国·北京创新创业大赛季(2018)。

与市财政局联合推出首都科技创新券。2018 年上半年,创新券合作实验室增加到 650 家,推荐机构增加到 84 家,申请主体达到 592 家小微企业和 23 个创业团队,申请 4694 万元的创新券。加强对创新型中小企业的支持(明确享受"科技型中小企业研发费用加计扣除比例由 50% 提高到 75%"的税收优惠政策的企业群体),科技部、财政部、国家税务总局共同发布《科技型中小企业评价办法》,市科委积极落实北京市科技型中小企业评价工作,组织开展 2018 年度北京市技术先进型服务企业认定及检查申报工作。

第二节 存在的问题

一 企业研发投入总体偏低，创新能力不足

2017 年，高新技术企业的研发投入为 1668.4 亿元，占销售收入的 6.8%，虽然高于北京全地区研发投入强度，但与全球创新能力强的科技企业相比，尚有不小的差距。同时，企业的研发投入更侧重于产品开发层面，对应用基础研究的投入不足。技术创新是北京市企业的短板。2016 年，北京市 PCT 专利申请量 6651 件，仅为广东省的 28.2%。2017 年，北京市专利申请量为 18.6 万件，发明专利授权量为 4.6 万件，规模以上高新技术企业发明专利授权量仅为 1.7 万件，企业平均 1.3 件。科技服务企业技术整合能力不强，成熟、成套技术缺乏。技术创新投入不足直接导致技术储备不够，在高端服务方面竞争力不强。特别是研发服务、工程技术服务、检验检测服务等领域的科技服务企业技术创新能力和跨界整合能力亟待提高。

二 科技成果质量不高，转化渠道不畅

科技成果成功转化受到一系列关键因素制约，科技成果的成熟度就是其中之一。北京市高校和科研院所集聚，科技资源丰富，但科技成果在京转化落地率不高。一方面高校和科研院所体制机制较为封闭，成果和科研团队难以"走出来"。高校和科研院所科技成果相当一部分停留在实验室阶段，而市场需要的往往是进入样品、样机甚至是小试、中试阶段的成熟成果，实现商业化还需要继续投入研发经费，提高技术成熟度。另一方面，企业与高校和科研院所的结合不紧密，对接渠道不畅通，同时企业对高校和科研院所成果的承接能力和条件较弱，由于高校和科研院所往往对成果转化重视不

够，且自身中试熟化条件比较有限，而投资商和企业对尚未完成产品化开发的成果投资意愿较低，导致科技成果在向市场转化的过程中，存在关键环节投入缺位的问题。成果转化方式主要为技术开发和技术服务，以技术转让方式转化的不多，校办企业整体转化能力还有待进一步提升。

三 为"硬科技"领域成果转化提供专业化服务的能力不足，科技成果转化体制机制有待健全

双创服务机构的发展仍然存在同质化的问题，多数机构具有空间服务、商事代办、培训辅导、路演、投融资对接等基础服务，但面向细分领域以及差异化的专业服务能力较差。双创服务机构注重商业模式的创新，与高校和科研院所科技成果转化的联系不紧密，为高校和科研院所提供早期孵化、技术转化、创投基金、园区落地等孵化服务的双创服务机构仅占16.4%。大部分机构很难介入高校和科研院所成果转化的关键环节，对接成果转化的专业水平和服务能力缺乏，渠道作用尚未充分发挥，这些因素导致双创服务机构转化高校和科研院所的科技成果数较少。

第三节 下一步工作考虑

下一步，市科委将围绕科创中心建设，聚焦"高精尖"产业发展和科技成果转化落地，引导和支持科技服务机构进一步发展。

一 引导企业加大创新投入

针对企业研发投入总体偏低的情况，一是进一步加大研发费用加计扣除特别是中小企业加计扣除政策的落实力度。二是加强政策创新，支持企业自身加大研发投入，吸引更多的社会资金投入企业研

发，真正让企业成为研发投入的主体。三是支持国有企业完善激励评价机制，将研发投入占销售收入的比例纳入经营业绩考核，引导和鼓励国企加大对基础研究和应用基础研究的投入。

二 畅通科技成果转化通道

针对高校和科研院所内部转化部门能力不强，高质量可转化成果供给不足，中试熟化环节断档，转化业务向专业机构开放不够等问题，市级部门推进"五个加强"，以释放高校和科研院所成果转化潜能，加强高质量科技成果源头供给。"五个加强"，即支持高校和科研院所加强内部技术转移机构建设，加强科技成果评估筛选及专利布局，加强科技成果中试熟化和成果承接，加强与社会化专业服务业务合作，加强成果项目在京转化落地。充分发挥企业在科技创新和成果转化中的主体作用，通过引进人才、搭建平台、联合建立实验室和中试熟化平台等形式，全方位与高校和科研院所建立产学研合作的紧密机制，让高校和科研院所高质量科技成果成为企业技术创新的源头供给。针对各区成果落地承接能力不强、政策配套不完善、成果本地转化率不高等问题，抓各区落地承接，做大、做深承接成果落地的"池子"，突破制约科技成果转移转化的瓶颈障碍，畅通科技成果转化通道。发挥企业需求对科技创新的牵引、带动作用，切实打通成果转化落地的"最后一公里"。

三 引导双创服务机构向"硬科技"领域专业化方向发展

加强服务机构与科技创新基金之间的对接，逐步完善"硬科技"项目发现、筛选、评价、培育和推进机制，促进高精尖产业领域项目孵化和成果转化。支持服务机构明确自身专业服务的技术领域，重点在新一代信息技术、人工智能等高精尖产业领域快速布局，提升"硬科技"服务能力。支持在高校和科研院所周边建设面向"硬科技"

的专业化孵化器、加速器等创新创业服务机构，提高大学科技园专业孵化能力。继续支持龙头骨干企业、高校和科研院所建设创新创业专业开放平台，整合开放人才、技术和市场等资源，服务中小企业创新创业。

第四章

制造业和软件信息服务业
高质量发展研究

制造业是实体经济的主体，是技术创新的主战场，是推动经济高质量发展的重点和关键。软件和信息技术服务业作为新一代信息技术产业的灵魂，已经成为新一轮科技革命和产业变革的重要方向。改革开放以来特别是党的十八大以来，北京制造业和软件信息服务业紧紧围绕首都战略定位新要求，积极推进产业结构调整和优化升级，着力打造高精尖经济结构，深入推动京津冀协同发展，加快从聚集资源求增长向疏解功能谋发展转变。在推动"在北京制造"向"由北京创造"的高质量发展道路上不断迈出新的步伐。

第一节　制造业和软件信息服务业高质量发展的主要做法

一　大力疏解不符合首都战略定位的产业，加快京津冀产业协同向纵深推进，为高质量发展开拓空间

深入贯彻落实习近平总书记重要讲话精神，认真落实《京津冀协

同发展规划纲要》，以疏解非首都功能为"牛鼻子"，全力推动京津冀产业协同发展。制定实施并修订完善《北京市新增产业的禁止和限制目录》，实施负面清单管理，严把项目准入关，实现了禁限项目"零准入"。制定并修订出台工业污染行业生产工艺调整退出及设备淘汰目录，推动不符合首都功能的生产环节和生产工艺有序退出，化学原料药生产环节全部退出，东方化工厂圆满拆除。2013 年至 2018 年 6 月底全市累计退出一般制造业和污染企业 2465 家，清理整治"散乱污"企业 1.1 万家。全市规模以上工业从业人员于 2017 年首次回落至 100 万人以内。

建立京津冀产业协同发展工作机制，联合编制发布《北京（曹妃甸）现代产业发展试验区产业发展规划》《石家庄（正定）中关村集成电路产业发展规划》等。成立了京冀产业协同发展联席会，促进北京 16 个区、经济技术开发区与河北 13 个地市实现深度有序对接。坚持优势互补、资源互配，择优共建了一批特色示范产业园。立足高端装备和重化工产业，打造了北京（曹妃甸）现代产业发展试验区；立足创新生物医药和保健品产业异地监管机制，建设了北京·沧州生物医药产业园、北京·滦南大健康产业园；立足大数据产业，成立了北京·张北云计算产业基地。开展京津冀招商推介专项行动等大型活动，推动首钢、北汽、金隅、三元等企业主动在津冀布局。

二　全力打造高精尖经济结构，多维度构建高精尖产业发展环境，为高质量发展汇聚动能

深入贯彻落实习近平总书记视察北京时关于"北京要发展，而且要发展好""腾笼换鸟，构建高精尖的经济结构"等重要指示精神，聚焦政策引领，统筹推动高精尖产业。

一是加强政策统筹。制定发布《〈中国制造 2025〉北京行动纲要》系列政策文件，印发《北京市鼓励发展的高精尖产品目录》及《北京市工业企业技术改造指导目录》。出台新一代信息

技术等十大高精尖产业发展指导意见以及土地、人才、财政等配套政策，形成"10＋3"高精尖产业政策新体系，着眼于为产业升级定方向、立标准、指路径，回答北京未来重点发展什么产业、重点发展什么技术以及怎么发展的问题，为全市产业的新发展提供了"路线图"，也为企业转型、创新发展亮明了"信号灯"。海淀区、门头沟区、石景山区和大兴区相继配套出台"创新发展16条""门创30条""高精尖19条""石创10条""兴十条人才政策"等配套措施。

二是优化产业布局。按照"定位、定量、定图、定项目、定机制"的"五定"思路，推动全市产业向重点园区聚集、园区产业向主导产业聚集、主导产业向创新型企业聚集。在定位方面，明确各区产业主导方向和重点培育方向；在定量方面，分解各区主导产业任务目标；在定图方面，指导各区依照产业发展指标核定土地要素需求，科学制定高精尖项目准入条件；在定项目方面，继续挖掘储备项目，促进项目早落地、早见效；在定机制方面，完善全市高精尖重大项目信息汇聚与对接调度机制，拓展项目来源渠道，加强项目信息遴选，推动在全市范围内统筹布局。

三是加快项目建设。按照"培育一批、引进一批、转化一批"的工作思路，积极推进高精尖产业项目建设。围绕巩固提升传统优势产业竞争优势，在集成电路、新能源汽车领域集中布局了一批项目。推动建设中芯北方12英寸线、纳微矽磊8英寸线、燕东8英寸线等一批集成电路项目。在加快传统汽车升级的同时，组织奔驰新能源、长安调整升级、宝沃二期等一批新能源整车项目，积极引进动力电池等关键零部件项目。支持千方科技等车联网企业发展，加快北京市在智能网联汽车领域的布局。积极培育竞争新优势，在人工智能、新材料、生命科学等领域主动挖掘了一批创新项目。重点推动了百度大脑、滴滴大脑等人工智能项目，建设了石墨烯产业创新中心、第三代半导体材料等新材料项目，推进了黄帝计划、品驰国产脑起搏器等医药项目。

四是强化金融支持。用好高精尖资金支持产业发展，重点支持行业领军企业、单项冠军企业、高成长潜力企业、产业创新集群、重大创新成果转化落地、产业创新中心、企业技术中心以及存量优势企业智能化、绿色化改造等领域。优化高精尖基金设立和运营，重点瞄准世界科技前沿，围绕国家战略需求，聚焦新兴领域、高端环节和创新业态进行投资运作，推动现有存量行业重点企业通过兼并、重组实现优化调整、做优做强，鼓励"高精尖"产业领域存量企业通过对接资本市场实现创新引领、快速发展。在引导社会资本投资、实现产业布局和重点投资领域突破、引导社会创新要素集聚、打造生态服务体系、产业带动提速、基金品牌建设等方面均取得了很好成效。

三 瞄准产业创新发展，着力转换发展动能，为高质量发展注入活力

不断完善推动原始创新成果转化机制，加快建设新型创新载体，依靠科技创新培育产业发展新动能。

一是充分利用北京原始创新溢出效应。抓好"三城一区"建设，聚焦中关村科学城，突破怀柔科学城，搞活未来科学城，加强"城—区"对接，打造以北京经济技术开发区为代表的创新驱动发展前沿阵地。统筹推进创新型产业集群建设，制定出台《加快全国科技创新中心建设促进重大创新成果转化落地项目管理暂行办法》，补齐中试、工程化转化、用户验证和规模化试生产等成果转化中后期的政策短板。经济技术开发区以落地建设重大项目为支撑，建设千亿级产业集群，进一步促进集成电路工艺开发及产业化、关键装备及材料提升，推进医药健康等产业集群生产工艺水平提升和产品技术含量升级；顺义聚焦智能新能源汽车、第三代半导体、航空航天三大创新型产业集

群，加快建设产业创新中心和研究院，积极协调高附加值、高技术含量的产业化项目落地，推动产业结构不断调整升级。

二是加快新型产业创新载体建设。推动开放创新、协同创新，不断提高企业自主创新能力。制定完善《北京市产业创新中心认定管理办法》，加快突破行业共性关键技术，构建"产学研用"一体创新平台。建设全国首家制造业创新中心——国能动力电池创新中心，成立北京国际人工智能研究院，打造国际知名的人工智能科研和创新高地。支持成立北京市企业技术创新服务联盟，正式发布《北京市企业技术中心建设规范标准》，成为该领域全国首个团体标准。截至 2018 年 4 月，北京已创建 1 家国家级制造业创新中心、10 家市级产业创新中心；27 家国家技术创新示范企业、83 家国家级企业技术中心、755 家市级企业技术中心。

三是推动大众创业、万众创新。不断夯实"政策＋服务＋资本＋载体""四位一体"的生态服务体系，为中小企业营造"资源整合、空间聚合、服务融合、政策适合"的发展环境，发挥中小企业发展基金和资金的放大效应。提升创新创业载体建设管理和服务水平，全市共认定国家中小企业公共服务示范平台 15 家、国家小微企业示范基地 11 家、市级中小企业公共服务示范平台 35 家、小微企业示范基地 35 家，为创业团队和小微企业提供高质量、专业化的创新创业服务。积极推动中小企业研发中心建设，用好北京科技创新券政策，支持科技型小微企业和创业团队创新活动。推进国家双创示范基地建设，为建设具有全球影响力的创新创业中心和全球顶尖创新创业资源聚集中心形成有力支撑。

四 助力产业转型升级，深入推进"两化融合"，为高质量发展累积优势

一是重点围绕智能化、服务化转型发展方向，加快"两化融合"

向纵深推进。出台《关于积极推进"互联网＋"行动的实施意见》《北京市推进两化深度融合推动制造业与互联网融合发展行动计划》等系列文件。成立北京两化融合服务联盟、北京市工业云服务联盟等。积极打造北京工业互联网平台，推动工业互联网标识解析国家顶级节点率先落户北京。持续推进两化融合管理体系贯标工作，截至2018年6月底，共有两化融合管理体系贯标试点企业343家。组织实施"智造100"工程，支持企业智能化升级，智能制造新模式应用全国领先。推动企业服务化转型，编制印发"三品"专项行动的实施意见，促进消费品工业"增品种、提品质、创品牌"，一批在京工业企业退出制造环节后，在京发展总部、研发、设计、销售以及新经济形态，转型为软件、科技服务、生产型服务业和高端服务业。

二是打造绿色化新型工业形态，支持存量企业向高质量发展方向升级。落实国家绿色制造工程，积极推进企业绿色化技术改造；组织机械、电子、大型成套设备等行业龙头企业，围绕绿色设计平台建设、绿色关键工艺突破、绿色供应链系统构建等方向进行攻关；制定《北京市绿色制造体系建设工作方案》和市级绿色制造体系建设示范单位评价流程，加快构建绿色制造体系。2017年，规模以上工业万元增加值能耗同比下降8.7%，煤炭消费比重同比下降6个百分点，天然气消费比重同比提高4个百分点。

五 聚焦高精尖产业生态体系建设，深入推进"放管服"改革，为高质量发展筑牢基石

一是进一步简政放权。精简职权事项，取消工业和信息化投资核准事项中的环境影响评价、水影响评价等前置条件，取消"生产无线电发射设备型号核准初审"等事项，清理中介服务事项和涉及企业群众办事的各类证明。统一市区两级政府部门权力清单，深化减证便民专项行动，制定实施《北京市降低实体经济企业成本实施方案》，清

理规范涉企经营服务性收费。创新监管方式，探索实施以政策引导、企业承诺、监管约束为核心的承诺制备案模式。

二是进一步优化服务。积极推动政务服务事项网上办理，工业和信息化政务服务事项网上可办率达 70%。建立精准联系服务企业制度，推动产业主管部门聚焦领域重点企业，组织"走基层、下企业、强服务"活动，开展"一对一"精准对接和"点对点"跟踪服务。

三是进一步扩大开放。推动企业强化先进管理、对接国际市场，提升管理运营水平。加强知识产权保护，推动高精尖产业知识产权强企培育，截至 2017 年底，全市共拥有国家知识产权示范企业 58 家、国家知识产权局备案的产业知识产权联盟 21 家，均居全国首位。2018 年第一季度全市专利授权量为 1590 件，其中发明专利授权量为 938 件，占比超过一半，行业的原始创新能力持续增强。高水平举办中国北京国际科技产业博览会、世界机器人大会和中国国际软件博览会，吸引国内外高精尖资源要素在京集聚发展。

六　以建设国际一流的和谐宜居之都为主攻方向，构筑"精治、共治"新型智慧城市，为高质量发展提供支撑

把智慧城市建设作为推动提升政府办事效率、城市治理水平和群众获得感的重要手段。启动实施北京大数据行动计划，推动成立北京市大数据工作领导小组，筹备组建北京市大数据管理局和北京市大数据管理中心，设计"1＋2＋N"的大数据平台总体架构，推动实现"一次汇聚、多次共享、多方应用"，依托专业公司加强大数据工作总体设计。推进社会数据接入和大数据试点应用，研究起草《北京市社会数据采购和使用管理办法（暂行）》。加快推进城市副中心智慧城市建设，利用市级机关搬迁契机，推动各单位"入云"。积极协调相关单位，完善城市副中心公网和专网、基站和无线信号覆盖。持续推动"提速降费"，北京宽带平均可用下载速率达到 21.27 兆。加快

"北京通"服务体系建设，汇聚政务、便民服务功能，截至 2018 年 6 月，累计发放北京通卡 2205.6 万张。推动社会信用体系建设，颁布实施《北京市公共信用信息管理办法》，建设完成公共信用信息服务平台，信用联合奖惩机制威慑作用凸显，税务、住房、质监、交通等行业和领域信用体系建设积极推进。

第二节　制造业和软件信息服务业高质量发展存在的主要问题

当前，北京发展已经迈入减量发展、创新发展、高质量发展的新阶段。在迈入新的发展阶段的征程中，虽然取得了一定成效，但是距离高质量发展所提出的新要求还存在提升的空间。

一　北京制造业占比偏低，产业空心化风险增强

近几年来，随着北京制造业增速下滑，制造业占全市经济规模比重不断下降，明显低于同一发展水平时期的发达国家典型城市制造业占比。本市制造业企业发展信心还有待加强，固定资产投资快速下滑，按照工信部统计的 2018 年 1~6 月各省份工业投资与技术改造投资情况，北京工业固定资产投资同比下降 41.5%，工业企业技术改造投资下降 40.4%，位居全国倒数，工业投资主要依靠少数延续性项目牵引，投资项目"缺大少新"的问题依然存在，产业未来发展形势较为严峻，对全市经济发展和科技创新形成不利影响。北京过早地进入去工业（制造业）阶段将导致产业空心化。

二　非北京产业疏解转移缺乏具备完整产业链条的生态体系支撑

一是部分不符合首都功能定位的企业在向外地疏解转移时存在落地困难问题。高精尖创新成果在周边的转化需要形成相应的产业链条

和集群衔接，津冀在经济结构、产业发展等众多方面与北京存在较大落差，难以承接北京相关产业配套。以手机产业链为例，以华强北为核心的珠三角拥有包括 Apple（苹果）在内的手机生产产业链条，从设计生产到加工、从核心零部件到整机组装等整个产业链条都可以在1小时交通圈内实现配套，而北京乃至京津冀尚未在高端制造业重点领域形成完整的产业链配套能力。二是出于北京发展环境资源的约束性，北京产业配套能力薄弱，制造业整体处于孤立式发展状态，缺乏良好的产业配套体系。单个企业缺乏配套，产业聚集度和关联度偏低，无法形成有效的产业链条和集群。

三　企业自主创新发展能力有待提升

对比国际制造强国（地区），北京市制造业创新能力仍然偏弱，规模以上工业企业研发投入强度低于国际平均水平。部分企业缺少市场思维和全球视野，热衷于"短平快"项目，对核心硬性技术研发投入不够，普遍依赖技术引进。全市范围内缺少影响全球的重大创新成果，创新领军型企业数量仍然不足，尚未形成类似于 Apple、IBM（国际商业机器公司）等具有全球影响力的高端制造业品牌。在集成电路、高端装备等领域核心技术和关键装备及部件仍然依赖进口，"缺核少芯"问题明显。此外，"三城"的创新源企业与产业承载区的制造型企业缺乏创新协同，创新成果难以在本市转化。

四　资源环境约束压力导致企业外迁情况加剧

本市制造业企业受生产调控因素影响，尤其是受环保压力影响加大。具体如秋冬季错峰生产和错峰运输方案以及北京空气重污染应急工业分预案等有关政策出台，对制造业发展的资源环境约束趋紧，导致企业停限产频次增多，再加上非首都功能疏解、在京综合成本攀升等多种因素影响，企业外迁现象明显。

五 国际化水平偏低，核心竞争力不强

软件与信息服务业尽管企业数量众多，但大多数规模小、实力弱、资金有限，没有能力开发高投资、高风险、高收益的大型项目，缺乏具有产业竞争力的大型企业。行业龙头企业与世界级领先企业相比，在产业生态圈构建、新技术变革和引领等方面仍存在较大差距。在基础软件等领域，关键核心技术、产品能力不够强，综合实力较弱，其稳定性、成熟度以及产品化、工程化方面与国外企业存在一定差距。在新兴领域，生态链企业缺乏深度合作，系统化应用能力不足，尚未形成良性发展的产业生态，很难参加国际竞争。目前软件与信息服务产业总体上处于全球产业价值链的下游，国际化水平有待进一步提高。

六 产业发展环境问题日益严峻

目前，国际软件业以美国最强，美国的软件产业几乎垄断了全球的操作系统软件和数据库软件，全球软件销售额的60%在美国。软件已成为继汽车和电子之后的第三大产业，超过了航空和制药。日本软件出口居全球第二，10大软件商中有2家在日本，尽管近10年日本经济衰退，但日本软件出口还是呈增长势头。另外，德国、印度和巴西也具有很强的软件出口能力。相比而言，十几年来中国虽然不断扩大软件出口的规模，但其增速持续放缓。尽管北京软件和信息服务业近年来持续增长，但是基础软件市场碎片化严重，市场较为混乱。国内厂商低价竞争、研发成本较高，从而导致利润空间压缩，阻碍企业做大做强。同时，由于中国出口产品大部分为嵌入式软件产品，出口外包业务较多，缺少独立自主的知识产权，也给本土产品应用推广带来了困难。

第三节　制造业和软件信息服务业高质量
发展的对策思路

按照市委、市政府决策部署，未来在推进北京制造业和软件信息服务业高质量发展过程中，工作重心将更加聚焦十大高精尖产业发展指导意见的贯彻落实，重点从以下几个方面，做好北京创新发展、高质量发展这份时代答卷。

一　转变思路促发展

新时期北京需要新发展，新发展需要新思路和新手段。传统的靠增量、靠铺摊子、靠资源扩张谋求发展的模式已不适应新的发展环境，需要在发展理念上进行深刻变革。要从单纯重视项目引进、招商引资，向更加重视技术引进和成果转化转变；要从主要抓大企业、大项目，对小企业采取"散养"的管理方式，向着力培育有潜力的企业，为优质企业成长壮大创造条件转变；要从单纯通过减税让利等"硬条件"吸引项目、支持企业，向更加重视为企业提供资源整合等"软服务"转变。

二　服务企业促发展

前期发布的高精尖产业发展指导意见的核心目标之一还包括培育一批技术水平国内领先，跻身国际前列的领军型龙头企业。下一步，我们将制定出台创新型企业培育壮大三年行动计划、北京市新兴行业登记指导目录，形成高精尖企业登记注册正面清单，并为重点企业提供"一对一"服务。同时，有针对性地解决制约企业发展的核心问题，支持重点企业进一步做大做强。还要不断完善政府资金保障机制，发挥好科创基金和高精尖产业基金的带动作用，在合适的时间、以合适的方式介入,支持企业创新发展。

三 聚焦项目促发展

高精尖项目是高精尖产业发展的主要抓手和动力来源,是产业培育的"牛鼻子"。下一步还将坚持项目牵引,进一步挖掘项目源,拓展项目线索,做到引进一批、培育一批、转化一批。对增量项目,搭建多种形式的高精尖产业投资互动平台,建立专业化队伍,做到转化项目早介入、引领项目快布局,推动真正的"高精尖"项目在北京落地生根、发展壮大。对于存量项目不搞"一刀切"式的疏解,更不能放任不管、低水平重复,要加强绿色化、智能化改造,推动向高端转型升级。

四 精准施策促发展

继续完善存量产业调整转移相关政策,继续关停退出一批不符合首都功能定位的一般制造业,聚焦"4+N"产业合作平台深化京津冀产业协作。以"三城一区"规划编制为引领,做好"城—区"对接,引导3个科学城创新成果向一区转化落地。按照"每个产业最多在3个区布局,每个区最多布局3个主导产业"的原则,研究确定各区的主导产业和重点培育产业方向。制定出台推动创新型产业集群和制造业高质量发展专项规划。继续组织实施一批智能制造、绿色制造等产业升级和投资支撑重点项目。继续推进"放管服"改革,以优质的营商环境吸引、集聚高端要素来京投资发展。

五 瞄准创新促发展

通过创新促进软件与信息服务业的发展是提升产业整体水平和核心竞争力的关键,是未来软件和信息服务业的发展方向。为了实现这一目标:首先,软件与信息服务产业应进一步完善市场体系的建设,形成从创意、研发、产品生产再到市场的创新流程；其次，在法律、法规和政府监管层面上进一步加强知识产权的保护，鼓励万众创新，构建良好的产业创新环境，引导软件与信息服务业通过引进、并购等多种方式向新兴领域和高端业务发展；最后，通过市场竞争促进产业创新，减少政府对软件与信息产业的约束，降低市场准入门槛，提供更加自由开放的竞争氛围，防止各种形式的垄断行为，建立公平、有序的市场竞争环境。

第五章

养老服务业高质量发展研究

近年来，北京市相继出台《北京市人民政府关于加快推进养老服务业发展的意见》（京政发〔2013〕32 号）和《关于全面放开养老服务市场进一步促进养老服务业发展的实施意见》（京政办发〔2017〕13 号），以满足全市老年人养老需求为出发点和落脚点，持续深化简政放权、放管结合、优化服务改革。虽然养老服务业快速发展，养老服务质量和水平得到有效提升，但仍面临供给结构与快速增长的需求不匹配、市场化程度不高、服务质量有待提升等问题。当前，养老服务业高质量发展已成为深入推进经济结构调整、切实改善民生福祉的客观要求和重要支撑，事关国民养老安全和经济转型，事关全面建成小康社会的顺利推进。需进一步推进供给侧结构性改革，繁荣养老市场、提升服务质量，实现养老服务业高质量发展，让广大老年群体享受优质的养老服务，切实增强获得感。

第一节　养老服务业发展实践和探索

多年来，北京市立足首都功能定位和人口老龄化发展趋势，深化养老服务供给侧结构性改革，积极调整养老服务工作重点。进一步明确了养老服务社会化、产业化、信息化、体系化发展方向，转变投入重点，扩大服务供给，提高服务质量，养老服务业实现了长足的发展。

一　养老服务业顶层设计逐步加强

近年来，北京市构建了由地方法规、发展规划、指导文件、专项政策等组成的养老服务发展政策框架，为促进养老服务业发展奠定了良好的政策法规基础。2015 年，在全国率先出台了《北京市居家养老服务条例》，以立法形式确定了政府主导、社会参与、专业运营、聚焦居家的社会合作型居家养老服务模式。编制《北京市"十三五"时期老龄事业发展规划》，被列为北京市重点专项规划。制定了《关于加快推进养老服务业发展的意见》《关于全面放开养老服务市场进一步促进养老服务业发展的实施意见》等文件，确定养老服务业"社会化、产业化、信息化、体系化"的发展方向，明确政府职能定位，积极引导社会资本投资养老领域，加强行业监管，营造充满活力的养老服务市场。另外，在养老服务设施建设、人才队伍建设、医养结合、标准化建设等方面制定了专项制度，健全养老服务政策体系，撑起顶层"保护伞"。

二　养老服务供给体系不断优化

（一）"三边四级"养老服务体系基本建立

在政府主导下，通过市级指导、区级统筹、街乡落实、社区连锁四级网络，依托区级养老服务指导中心、街乡养老照料中心和社区养老服务驿站等居家和社区养老服务平台，组成养老服务联合体，统筹区域内企事业单位和社会组织提供的各类专业服务和志愿公益服务，实现老年人在"三边"——周边、身边和床边就近享受居家养老服务，北京养老服务"三边四级"体系初步建成。当前，全市已建设区级养老服务指导中心 7 个、街乡养老照料中心 252 个、社区养老服务驿站 498 家，越来越多的养老服务联合体为老年人提供周边、身边、床边服务。

（二） 大力推进养老机构建设

从 2009 年开始到 2015 年，北京连续将建设 1 万张养老床位纳入市政府为民办实事项目，集聚全市之力推进养老机构建设；从 2014 年开始，连续三年将街乡镇养老照料中心建设纳入市政府折子工程。通过几年的努力，北京市养老床位有了迅速增长，由 2009 年的 3 万多张增长到目前的 10.3 万张。发布"北京养老"品牌标识，引导各类养老场所推广使用，逐步实现为老服务机构名称、功能、标识"三统一"。

（三） 居家养老服务快速发展

养老助餐服务体系逐步推进，通过两年多的助餐试点，各区结合实际，探索出"中央厨房 + 社区助餐点""中央厨房 + 冷链运输 + 社区配餐""中央厨房 + 社区养老服务驿站 + 社区配餐、送餐"等适合本区实际的养老助餐服务模式，基本满足老年人的助餐需求。开展居家养老辐射服务，从 2016 年起，北京市拿出专项扶持资金，引导养老照料中心率先发挥综合辐射功能，鼓励全市养老机构利用自身资源优势重点开展 10 项辐射社区居家养老服务。聚焦解决特殊老年群体的养老需求，为经济困难老年人家庭进行适老化改造。面向本市有需求的独居、高龄以及陷入其他困境的老年人，开展居家养老巡视探访服务，提升其生活质量，保障其身心健康和居家安全。

三 养老产业业态初步形成

（一） 养老领域"放管服"改革持续深化

进一步放宽准入条件，精简行政审批环节，全面清理、取消申办养老机构的不合理前置审批事项，优化审批程序，简化审批流程。工商部门规范居家养老服务机构登记，允许使用"居家养老"或"居家养老服务"作为行业用语。在确保机构安全的前提下，简化街乡养老照料中心、社区养老服务驿站建设中的相关消防手续。重点支持社会兴办非营利性养老机构，将一次性建设补助标准提高到每床4万~5万元，运营补贴提高到每床每月300~500元；落实国家支持养老服务业发展的税费政策，街乡养老照料中心、社区养老服务驿站等养老服务机构的水、电、气、暖实行居民生活类价格。

（二）养老服务品牌化、连锁化逐渐加强

通过资金支持和政策推动，调动社会力量积极性，扶持培育了老年餐桌、生活照料、养老机构、文化娱乐、精神关怀等11个大类1.1万家服务单位。截至2017年底，在全市工商登记注册的养老服务企业（经营范围中含有"居家养老"）达1271家，民政注册各类养老服务社会组织有903家。涌现出了爱侬、龙振、慈爱嘉、诚和敬、儌堂集等一批具有较高知名度的专注养老服务的企业，实现了规模化、连锁化、品牌化发展。

（三）养老产业化初步发展

推动设立支持养老服务业发展的政府投资引导基金，发挥杠杆放大效应，撬动更多社会资本。支持养老服务企业在资本市场融资。建立拟上市企业数据库，为推动企业上市提供数据支持。目前，本市涉及健康服务业概念的上市公司有九强生物和塞升药业2家公司；新三板有爱侬家政服务公司等20家企业，四板有北京七彩乐居家政服务有限公司等4家企业。成立健康养老服务业投融资委员会，成员单位金融机构及健康养老服务机构近40家，各类社会资本也通过委员会平台积极投入健康养老服务产业。

四 养老服务瓶颈问题开始破解

（一）探索多种医养结合模式

北京市连续出台多个文件，进一步健全医养结合政策体系。建立市级联合指导和协调会商机制，优化医疗机构设置、医保定点资质审批，全市 506 家运营养老机构的医疗服务覆盖率达 90%。加强医养结合模式探索，重点支持东城区建立老年综合评估中心，提升基层医疗卫生机构上门服务能力；支持朝阳区围绕居家老人医养结合服务模式创建，医养结合专业人才队伍培养，医养结合设施设备完善等方面开展试点；支持海淀区开展医养结合服务需求评估和指导、健康服务管理和示范、人才实训和护理师改革、远程服务等试点。

（二）探索建立长期照护保险制度

北京市积极探索政策性长期护理保险制度。2016 年，由市金融局牵头，在海淀区开展了居家养老失能护理互助保险试点，从多渠道筹集资金机制、失能等级评估服务确认机制、综合失能保险产品体系等方面进行了有益的探索。2017 年，在石景山区由人力社保部门牵头，积极推进政策性长期护理保险试点，促进商业性和政策性长期护理保险制度之间的相互补充和完善。力争在"十三五"期间，形成基础保障和更高层次保障相结合的符合本市实际的长期护理保险制度框架。

（三）农村养老服务水平得到提升

北京市加强顶层设计，按照"政府既支持建设还要扶持运营"思路，整合集聚政府各部门政策、资金和项目资源，从养老服务设施规划、土地保障、金融支持等方面，加大农村养老服务设施建设，加快建设与城市同步、服务同质的养老服务体系。大力建设农村幸福晚年驿站，围绕农村老年人的紧迫需求，有针对性地设置了就餐服务、健康指导、呼叫服务、照料服务、休闲娱乐等五项功能。截至 2017 年底，全市已建成农村幸福晚年驿站 113 个。创新农村养老服务模式，重点围绕老人身边建模式、给服务，大力发展互助养老和志愿服务，为高龄、独居、空巢、失能老年人提供代买代缴、寻医送药、春种秋收等服务。

五　养老行业监管不断加强

（一）养老标准化稳步推进

北京市抓好《养老机构老年人生活照料操作规范》等 12 项地方性标准宣传贯彻落实，推进养老机构服务质量星级评定工作，督促引导养老机构参加服务质量星级评定。截至 2017 年，开业运营 1 年以上的养老机构 100% 制定标准化服务体系文本；开业运营 2 年以上的养老机构服务质量星级评定参与率达 90%，70% 以上的养老机构通过服务质量星级评定。

（二）养老诚信体系持续推进

北京市加强行业信用建设，逐步建立覆盖本市养老服务行业法人、从业人员和服务对象的行业信用体系。2018 年 5 月，印发《关于推进养老服务业诚信体系建设的指导意见》（京民老龄发〔2018〕183 号），明确加强养老服务业诚信体系建设的目标任务，推进养老服务业公共信息归集和共享、养老服务业信用信息的应用，构建守信激励和失信惩戒机制，建立诚信协同监管机制。

（三）养老信息化走向深入

目前，北京市社会养老福利综合信息平台已实现将权限开放给各区、各养老机构、各养老驿站。平台的主要功能涉及养老机构、服务驿站、人才队伍、服务对象、服务商、养老服务、养老机构服务质量、驿站运营方案、驿站核查报告等。目前，正在建设"智慧养老"业务协同监管系统，将实现统一业务管理入口、老年人数据资源、养老服务单位数据资源、养老服务从业人员数据资源统一展示。

第二节 养老服务业高质量发展面临的 困难和问题

近年来，北京市在推动养老服务业发展方面做了大量的实践与探索，取得了积极成效，同时也面临诸多困难与问题。

一 养老服务政策尚不健全

养老服务业现行支持政策存在碎片化，政策创新突破不够等问题。例如，市场开放、产业扶持政策不够；居家养老护理员培训、评价、晋升渠道不畅；居家养老服务地方标准、行业标准还比较欠缺；多数居家养老服务机构或是新设立，或由家政等传统行业转型而来，专业运营处于初级阶段，专业化程度较低，品牌化意识较差，标准化服务内容较少，尚需要更多的政策扶持与引导。

二 老年人消费意识保守

老年人作为养老服务业的服务对象和产品消费者，是养老服务市场的消费主体，其需求直接影响着市场的兴衰。目前的老年人，都经历过 20 世纪六七十年代经济发展水平低的生活，在工资低、消费水平低及传统节俭美德的影响下，老年人消费意识相对保守，老年人消费属于节约型消费。加上受老年人经济收入水平不高的影响，这就限制了养老服务业的利润提升空间，而较低的利润又严重制约着社会养老服务商的发展壮大，也抑制了民间资本的进一步流入。

三 养老事业产业发展不平衡

全市养老服务业虽然得到了快速发展，但养老事业产业发展不平衡。养老事业发展较快、较好，政府积极履行"托底线、保基本"职责，建立了养老保险、医疗保险、养老服务补贴津贴、老年人社会优待等制度。而养老产业发展还处于深化认识和起步阶段，政府对养老产业发展的政策和资金支持力度还不够，市场环境不健全，还存在有效需求和供给两不旺的境地。

四 养老服务供给不充分

全市养老服务企业数量不多、不强，在市场供应主体结构上，还是以中小规模的服务提供商为主，具备一定专业水平和运营规模的连锁化、集约化经营养老服务品牌还比较少，产业链条也比较短，大部分以单一服务结构为主，服务范围窄，服务水平参差不齐，规模效应不明显。据相关统计，本市养老服务内容相对单一，服务层次较低。用餐送餐、家政服务、文体娱乐三项发展较好；紧急救援、日间照料、精神慰藉三项次之；医疗卫生和家庭护理发展最难、最慢、最不充分，无法满足老年人的迫切需求。养老服务大多停留在基本的经济供养和生活照料上，属于家庭"保姆"照料。

五 城乡养老设施发展滞后

近年来，北京市人口老龄化程度持续加深。截至 2017 年底，北京市 60 岁及以上常住老年人口为 358.2 万人，占常住人口总数的 16.5%；60 岁及以上户籍老年人口为 333.3 万人，占户籍人口总数的 24.5%。养老设施存在的问题主要体现在两个方面：一是养老设施存在缺口，根据全市居家养老服务设施普查，全市人均养老服务设施面积距规划的 0.25 平方米还差 0.08 平方米，且本市有 1/3 的街道和 3/5 的社区没有任何养老服务设施；二是养老设施利用率有待提高，养老机构可持续性运营困难。由于养老机构运营周期长，利润回报率相对较低，机构运营和管理服务能力差别较大，地区发展不均衡，有些新增的床位处于空置状态，全市养老机构入住率只有56.5%，造成了一定程度的资源闲置。这些困难也使得社会力量尤其是民间资本不敢轻易投入养老领域。

六 养老专业化水平不高

涉老企业存在小弱散现象，大型企业少，大多是中小型企业等，养老服务机构专业化程度低。涉老企业发展处于起步阶段。政府在养老服务专业化培育工作方面的认识不深、经验不足，大多数政策只是鼓励专业化运营，但缺乏扶持和引导内容，导致在推动养老服务专业化方面的作用发挥不充分。另外，养老服务新职业、新领域缺少顶层设计，养老服务职业体系尚未建立，专业化服务水平较低。

七 医养结合方面存在制约

城乡医疗和养老设施发展不平衡，规划建设详规不协调统筹；专业性老年病医院、老年护理和康复机构建设不足，养老机构独立设置医疗机构经济成本高、纳入医保难、功能不完善、服务标准和监督评价缺乏规范。长期护理保险制度亟待建立。养老服务市场功能发挥不充分，老年护理服务缺乏持续性保障，医疗保险支付护理项目偏少。入户居家医疗服务政策激励机制仍待完善。居家老年人医疗服务需求难以得到有效满足。

八 养老信息化发展水平不高

从全市总体情况来看，市级初步搭建了信息系统的骨架，但总体统筹不够，部分区正在重复投入搭建本区养老信息系统，很多基层单位还停留在手工填写上报数据阶段。数据开发应用不够，各类涉老数据没有得到有效整合，还不能充分为政府部门提供决策支撑，不能为社会发展养老服务提供科学参考，也不能为服务对象获取服务提供精准支持。

九　农村养老服务水平薄弱

农村养老服务发展成本较高，缺手段、缺支柱、缺人才，服务项目较少，盈利点少；配套设施规模小，设施设备陈旧；管理和服务人员素质普遍较低；部分山区村内没有基层医疗服务机构，存在医疗条件差、药品不全的问题。受这些因素的影响，养老服务项目较少、养老服务配套设施不足、专业化养老水平低，难以有效满足农村老年人服务需求，制约了养老服务行业质量的整体提升。

十　养老服务专业人员短缺

北京市养老服务从业人员社会地位低、职业前景不明、收入待遇低等现象没有得到根本改变，难以吸引优秀人才加入养老行业。这就致使养老服务队伍总量不足，从业年龄偏大，学历层次低，难以满足群众多样化养老服务需求。职业技能培训不足。养老从业人员教育培训制度、培训体系不够健全，培训针对性不强、缺乏实战锻炼，每年参与培训人数有限，培训效果不理想，不利于推进服务队伍专业化、职业化建设。

第三节　推进养老服务业高质量发展的
对策和建议

针对当前北京市养老服务业发展中存在的问题，需要坚持"社会化、产业化、信息化、体系化"发展方向。具体按照"深化养老服务供给侧改革，激发各类社会主体的活力，全面开放市场，有效增加供给"的路径，实现养老服务业高质量发展。

一 完善养老政策体系

针对北京养老服务业发展面临的重点、难点和热点问题，积极开展老龄政策研究，做好应对人口老龄化的前瞻性、体系化制度设计和安排。同时，从多层面、多领域完善养老政策体系。比如，研究进一步放宽投资养老准入条件，进一步优化审批程序，精简审批环节，提高审批效率；完善金融支持政策，出台金融支持、商业保险等支持养老服务业发展的政策措施；完善养老服务业土地支持政策；研究调整养老服务运营资助政策，等等。

二 引导老年人科学消费

营造老年人放心消费的环境。加强老年消费侵权案件跟踪调查，加大对侵害老年消费者权益行为的打击力度，维护老年消费者合法权益。有针对性地开展重点宣传、精准教育、联合抵御，增强老年人自身防范意识和自我保护意识，提高老年人金融财富管理意识，帮助老年人防范各类金融诈骗。宣传引导老年人科学消费、合理消费、理性消费，树立养老服务消费理念，促进老年人消费，推动养老服务业可持续发展。

三 推进养老产业发展

建立针对养老服务业发展的统筹协调与管理监督机制，实现土地、资金、人才、劳动力、信息的优化配置。进一步培育、发展养老服务产业，丰富服务产品供给，有效满足老年群体的现实需求及潜在需求。进一步深化养老服务领域"放管服"改革，研究制定投资融资、土地规划、税费优惠、财政支持、人才培养等方面的一系列优惠政策，引导社会力量进入养老服务市场，让民间资本进入养老服务领域后留得住、发展得好。

四 创新养老服务供给

深化养老服务供给侧结构性改革，构建公平竞争的市场环境，支持各类市场主体增加养老服务和产品供给，开展多种方式的养老服务经营活动。鼓励养老服务企业走产业集团化发展道路，提高集约化经营水平。鼓励社会资本通过兼并、联合、重组及输出服务技术和品牌等形式，实现跨区联合、资源共享和集团化、规模化、连锁化、品牌化发展。

五 加强城乡养老设施建设

完善养老服务设施规划。落实新版总规划，编制养老服务专项规划，从近期到 2020 年的三年行动计划，以及到 2035 年的中长期规划。推进配建小区养老服务设施配置标准化，大力发展街乡养老照料中心、社区养老服务驿站。完善扶持政策，探索实行营利性养老机构与非营利性养老机构同等运营补助政策，提高运营补助标准，降低入住营利性养老机构的成本。加强养老服务质量建设，深化公办养老机构改革，重点改善农村基层公办养老机构服务质量，提高养老机构入住率。

六 扶持养老服务专业化运营

重点培育发展一批资本雄厚、竞争力强、管理运营高效的大型养老企业和社会组织。鼓励养老企业和社会组织组建产业联盟，加强资源整合和相互协作，探索建立养老服务单位分类管理机制，建设全市专业化运营机构库。开展专业运营绩效评估，为政府购买服务提供依据。

七 深化医养结合

强化养老和医疗设施建设规划统筹。鼓励社会力量针对老年人健康养老需求，通过市场化运作方式，兴办医养结合机构以及老年康复、老年护理等专业医疗机构。积极推进政府购买基本健康养老服务。鼓励和引导各类金融机构创新金融产品和服务方式，加大对医养结合领域的支持力度。推行养老需求综合评估制度，推进居家养老入户医疗服务，加强老机构医疗服务能力建设，为老年人提供方便、贴心的各类医疗康复护理服务。

八　推进养老服务信息化建设

构建"互联网＋养老·北京模式"。整合养老服务信息平台资源，打造养老服务业务管理平台，为政府提供决策参考、为市场提供方向引导、为社会提供咨询、为老年人提供信息服务。完善养老—助残卡服务系统，动态掌握老年人持卡出行、消费状况和服务商运行状况，为给老年人提供精准服务、折扣优待服务等奠定基础。开展智慧养老社区建设，以智慧社区建设为核心，运用信息化手段，建立居民、家庭、社会组织、社区活动电子档案，完善社区服务设施、技术、网络环境。

九　提升农村养老服务能力

研究制定相关政策及配套措施，使政策、资金、人才向农村地区倾斜。加强农村地区养老服务设施建设，开展养老服务下乡入户工作，鼓励有运输条件、服务能力的养老服务运营商，为农村偏远地区老年人送商品、送服务。盘活农村闲置资产，加强农村养老资源整合，继续推动邻里互助、老年扶助、协会合作等适合农村老年人养老的服务模式，倡导孝老、敬老的社会风尚。

十　加强养老服务人才队伍建设

制定养老服务人才登记管理措施，建设全市养老服务人才信息平台，对养老服务从业人员实行全市统一登记管理。制定养老服务从业人员薪酬待遇政策，进一步提高从业人员薪酬待遇。研究制定养老服务从业人员培训制度，建立分级、分类培训体系，加强养老服务从业人员教育培训。探索建立养老护理员职业发展体系。

第六章

就业高质量发展研究

就业是经济发展的基础、居民收入的主渠道、社会稳定的"压舱石"。党的十九大报告指出："就业是最大的民生。"[①] 在推进首都由高速增长向高质量发展转型的进程中，要始终坚持以人民为中心的发展思想，认真总结基本经验，正确分析形势任务，理清思路对策，努力实现更高质量和更充分就业，不断增强首都人民的获得感、幸福感、安全感，为建设国际一流的和谐宜居之都做出更大贡献。

第一节　五年多来就业工作取得的成绩

党的十八大以来，在习近平新时代中国特色社会主义思想的科学指引下，市委、市政府把促进就业作为重大政治任务和保障改善民生的头等大事，就业规模持续扩大。全市从业人员从 2012 年末的 1107.3

---

① 习近平：《决胜全面建成小康社会　夺取新时代中国特色社会主义伟大胜利——在中国共产党第十九次全国代表大会上的报告》，人民出版社，2017，第 46 页。

万人增加到 2017 年末的 1246.8 万人，城镇登记失业率一直保持在 2% 以下的较低水平，城镇调查失业率始终处于低位。第一、第二、第三产业就业人员比重持续优化，由 2012 年末的 5.2∶19.2∶75.6 转变为 2017 年末的 3.9∶15.5∶80.6，就业质量也不断提升。

一　基本形成比较完善的具有首都特色的就业政策体系，积极就业政策效应得到充分发挥

积极应对新形势、新情况，及时制定和实施了一系列更加积极、更具针对性、更有含金量的就业政策。一是政策范围覆盖更广。适应城乡一体化发展，完善岗位补贴、社保补贴、公益性就业组织岗位补贴、职业培训补贴等政策，就业政策已经覆盖到全体城乡劳动者，城乡统一的就业格局进一步健全。尤其是出台了鼓励生态涵养区农民到城区公共服务类岗位就业的支持政策，实现了农民"转得出、留得住、成建制、可持续"，为服务保障城市管理运行和提升城市品质做出了重大贡献。二是政策功能更加健全。为应对产业调整外迁带来的就业压力，加快失业保险基金由保障性支出向促进性支出的转变，在发挥失业保险基金促进就业功能的基础上，2015 年出台实施稳岗补贴政策，鼓励企业少裁员、不裁员，惠及企业 2.3 万家，职工 1000 多万人次，牢牢守住了就业"基本盘"。三是政策发力更加精准。针对日益凸显的地区性就业矛盾，实施"一地一策"帮扶，对就业困难地区和新机场临空经济区等重大项目建设地区给予资金倾斜。针对城乡就业困难人员就业，出台了精细化公共就业服务实施细则，根据就业困难程度不同实施"分级分类"帮扶。针对全市职工转岗转业压力，完善企业职工分流安置办法，实施"一企一策"帮扶，进一步提高了政策措施的实效性。

二 初步构建起面向城乡全体劳动者、全职业生涯、全过程衔接的职业培训制度，劳动者的就业能力和素质有效提升

适应建立现代化经济体系的需要，把加强职业技能培训作为贯彻创新驱动发展战略和人才强国战略的重要抓手，大力推行终身职业技能培训制度，建设知识型、技能型、创新型劳动者大军。一是紧贴市场需求，加强城乡劳动力就业技能培训。追踪重大项目建设用工需求、实施定向培训，2018 年以来组织延庆区劳动力开展"服务冬奥世园，促进绿色发展"大培训，已经培训雪具维修、餐饮保障、水电供暖等技能人才 2 万人。在全国率先推行以"招工即招生、入企即入校、企校双师联合培养"为主要内容的企业新型学徒制，强化就业与培训紧密衔接，实现劳动者培训后即就业。二是适应产业转型升级需求，激励引导广大职工提升技能素质。2018 年深入实施企业职工技能提升补贴政策，已有 3 万名企业职工通过网络服务平台在线申请补贴 4000 多万元。在高技能人才密集行业开展以前沿理论、技术革新为主要内容的免费技师研修培训，组织 6000 余名技师参加研修培训。推进首席技师工作室和技能大师工作室建设，建成国家级技能大师工作室 27 家、市级首席技师工作室 120 家，培养青年高技能人才 1.2 万余人。举办多种形式的技能竞赛，北京市集训选手在第 44 届世界技能大赛中取得历史最好成绩，带动全市掀起岗位练兵热潮，培育和弘扬工匠精神。2013～2017 年，累计培训城乡劳动力 290.5 万人次，技能人才总量突破 330 万人，高技能人才近 100 万人，人力资本价值显著提升。

三 大力完善就业服务帮扶机制，重点群体就业保持稳定

坚持把重点群体就业作为稳定就业局势的基础，采取多种措施，解决重点人群就业问题，就业"安全网"织得更牢、更密。

一是始终将高校毕业生就业放在首位。坚持就业服务前置、供需提前匹配，开展进校园送服务，举办分群体、分行业招聘会，尤其是深入实施离校未就业高校毕业生"一生一策"帮扶。在北京地区高校毕业生数量常年高位运行且逐年增加的情况下，实现了本市生源高校毕业生就业率保持在 96% 以上，确保了困难家庭高校毕业生都有就业岗位。二是扎实做好企业职工分流安置工作。深入东方化工厂等企业，摸清分流人员底数，提供全程跟踪指导服务，积极稳妥地处理好劳动关系，实现了分流职工就业有出路、创业有指导、生活有保障。2016～2017 年，妥善分流安置了煤炭、化工行业 8400 多名职工，为北京市供给侧结构性改革创造了有利条件。三是加大城乡就业困难人员帮扶。在采取鼓励用人单位优先招用、公益性岗位安置等多种措施托底帮扶的基础上，落实市委关于低收入农户"六个一批"分类帮扶的要求，将本市有转移就业意愿的低收入农户劳动者全部纳入就业帮扶体系，建档立卡，实施"一对一"就业援助，已经有 1.9 万人实现就业增收。2013～2017 年，累计帮扶城乡困难人员就业 75.3 万人次。

四　积极健全创新、创业政策服务体系，创业带动就业倍增效应日益明显

围绕落实党中央、国务院鼓励"双创"的决策部署，北京市不断充实完善创业担保贷款、创业培训、创业孵化基地扶持等一系列创业政策措施，创业工作取得长足发展。目前全市创业帮扶对象已经扩展到高校毕业生、留学归国人员、事业单位科研人员、农村劳动力、去产能转岗职工、复转军人、残疾人等群体，形成了集项目推介、政策咨询、贷款融资、培训指导、孵化服务于一体的创业服务链条，大众创业、万众创新的格局逐步形成。特别是为服务全国科技创新中心和文化中心建设，2016 年，在中关村搭建了大学生创业服务平台和创

业板，在全国率先建立起政府搭台、市场化运作的创业孵化模式，实现了大学生创业"进口有政府服务，出口有市场承接"。大学生创业服务平台累计服务 5000 余人次，大学生创业板挂牌企业达到 52 家。2017 年，服务以中关村为代表的高精尖产业发展，实施专业技术人员离岗创新创业政策，支持高校、科研机构专业技术人员通过兼职、在职创办企业、在岗创业等"六种模式"创新创业，发挥了事业单位在"双创"中的示范引导作用。2018 年，在中关村举办第三届"中国创翼"创业创新大赛北京市选拔赛暨"创业北京"创业创新大赛，共征集 691 个参赛项目、36 个获奖项目，为投资人和创业者搭建对接平台，促进了资本链、创新链、产业链深度融合。2013～2017 年，全市累计扶持创业 5.1 万人次，带动就业 15.7 万人次，形成了以创新引领创业、以创业带动更高质量就业的良好态势。

五 进一步完善城乡一体的人力资源市场公共服务体系，就业服务更加便捷高效

北京市贯彻党的十八大提出的"健全基本公共服务体系"的要求，加快健全覆盖全民、贯穿全程、辐射全域、便捷高效的公共就业服务体系。建立了全市统一规范的人力资源市场公共服务体系，开通了"百姓就业超市"，2018 年以来已有 2200 多家企业在互联网平台登记注册，发布岗位 1.8 万余个，为城乡劳动者提供足不出户的服务，公共就业服务标准化、信息化、精细化水平全面提升。落实京津冀协同发展战略，成立三地首家跨省、跨层级的人力社保服务中心，实现了三地就业信息和社保转移接续互通、人才资质和定点医疗机构互认、劳动保障监察和劳动人事争议处理互动，京津冀公共就业服务共建共享格局初步形成。围绕落实服务业扩大开放综合试点政策，出台鼓励支持人力资源服务业发展的意见，创新人力资源市场事中事后监管方式，市场在促进就业中的决定性作用有效发挥。截至 2017 年

底，全市人力资源服务机构达到近 1500 家，从业人员达 2 万余人。

第二节　当前就业发展面临的形势、挑战和主要问题

当前，北京市正坚持以习近平新时代中国特色社会主义思想为指导，深入贯彻党的十九大精神，深入贯彻习近平总书记对北京重要讲话精神，落实市委十二届五次全会要求，围绕首都城市战略定位，大力加强"四个中心"功能建设，提高"四个服务"水平，抓好"三件大事"，打好"三大攻坚战"，推动首都实现新发展，要求必须以更高标准抓好就业工作，夯实首都发展根基。所有这些，都需要客观分析、积极应对、准确把握。

一　就业发展需要把握的新形势

新时期北京实现新发展，根本要求是高质量发展。蔡奇书记强调，高质量发展高在高精尖经济结构、高在全要素生产率、高在质量效益上。落实蔡奇书记的指示要求，必须着眼实现就业高质量发展，大力推动"三个转型"。一是要求推动从传统产业就业更多向高精尖产业就业转型。产业结构决定就业结构。目前北京市加快建设高精尖产业体系，医药制造、节能环保等产业迅猛发展，已成为新的就业"增长极"。这就需要通过优化人力资源配置，促进劳动力从传统行业流向高精尖行业，形成与产业结构匹配的就业结构。二是要求推动以服务型就业为主向智力和技能型就业为主转型。按照北京城市总体规划，到 2035 年，要在全市常住人口规模控制在 2300 万人的情况下，实现全社会劳动生产率提高到约 40 万元/人。目前，北京市人力资源素质与之相比还存在较大差距，尤其是高层次、高技能人才比较缺乏，需要把做好就业工作的立足点更多放到深化人力资源供给侧结构

性改革上来，在提升人力资源价值上下功夫。三是要求推动以就业为主向就业与创新创业相结合转型。北京市作为全国科技创新中心，是习近平总书记对北京的城市战略定位之一，也是对北京市工作的总体指导和要求。这就需要围绕发挥首都科技创新优势，进一步强化就业与创业结合，促进创新创业要素聚集对接，鼓励创新型创业，提高发展质量和效益。

二　就业发展面临的新挑战

随着疏解非首都功能、控制人口规模、产业转型升级深入推进，北京市就业工作在迎来重大机遇的同时，也面临一系列新情况、新问题。一是产业调整外迁将造成职业转换问题凸显。在当前和今后一个时期内，不符合首都城市战略定位的产业要逐步调整退出。2018 年全市调整退出 656 家一般制造业企业，到 2020 年还将退出一批，由此带来转岗转业任务十分繁重，尤其是年龄大、技能低的劳动者面临较大的就业压力，稳定就业需要付出更大努力。二是落实区域功能定位过程中地区性压力将更加突出。通州、大兴、延庆等区受北京城市副中心、新机场临空经济区、冬奥会和世园会重大项目建设征地拆迁影响，农转非就业压力增大。延庆、密云等生态涵养区由于高耗水种养农业退出、制造业产业禁限，农村劳动力转移就业任务繁重。三是劳动年龄人口下降可能带来部分行业用工缺口。近年来，受严控人口规模、生活成本上涨、户籍人口老龄化等因素影响，全市常住人口增速大幅下降，2017 年首次出现负增长。随着这一趋势发展，中心城区交通安全、物业管理等外来从业人员集中的行业将可能出现劳动力需求缺口。四是技术进步对就业产生挤出效应。随着人工智能发展和普及，机器代替劳动力进行生产工作，一些就业岗位将失去存在的价值，经济发展甚至可能出现"零就业增长"的现象。

三　就业发展亟待解决的主要问题

在肯定全市就业工作成绩的同时，必须适应新形势新任务新要求，清醒地看到工作中存在的矛盾和问题。从就业政策体系看，城乡统一的就业政策体系需要继续健全，使农村转移劳动力能够享受灵活就业和自谋职业社保补贴政策，实现城乡就业政策彻底统一。预防失业政策有待进一步完善，需要研究鼓励企业培训的政策措施，强化高精尖产业就业支持，提升就业政策效能。同时，围绕鼓励快递、网络从业者等"平台就业""家庭就业""网络就业"新业态发展，需要探索与之相适应的政策支持体系。从就业市场看，劳动者就业难与用人单位招工难的问题尚未得到根本解决，"有人没事干、有事没人干"的矛盾依然比较突出，需要通过正确引导劳动者预期、加强职业技能培训等方式，促进人力资源供求匹配，缓解就业结构性矛盾。从就业环境看，在深化"放管服"改革和优化营商环境的大背景下，各类市场主体对简化优化办事流程提出了更高要求，需要以完善就业创业服务信息平台为抓手，进一步促进就业服务方式多样化、服务过程精细化、服务手段智能化，全面优化人力资源招聘服务、劳动用工管理、就业政策审批、创业扶持等服务效能，努力提升企业和劳动者满意度和获得感。同时，随着社保征缴体制改革到位，企业社保费缴纳行为更加规范，需要研究通过降低社保费率等多种措施，确保总体不增加企业负担。

第三节　就业高质量发展的思路和对策

高质量就业是高质量发展的内在要求，是化解新时代社会主要矛盾的重要内容，也是北京市就业工作的根本目标和长期任务。高质量就业的主要内涵如下：从经济社会层面看，意味着就业素质与产业发展匹配，就业结构与经济结构调整适应，就业环境自主公平便利；对劳动者个人而言，就是要有更稳定的工作岗位、更满意的工资收入、更可靠的社会保障、更和谐的劳动关系以及更好的职业发展前景。具体到北京市，就是要牢固树立"四个意识"，对标对表首都城市战略定位、京津冀协同发展、新版北京城市总体规划、北京城市副中心控制性详细规划，以"实现更高质量和更充分就业"为主线，围绕"公平就业、技能就业、稳定就业、体面就业"，继续深化就业创业体制机制改革，精准施策、优化服务，全面提升人力资源开发配置水平，努力实现有质量的就业增长。

一　服务疏解非首都功能，全力以赴稳就业

疏解非首都功能是习近平总书记对北京城市发展的重要指示，也是京津冀协同发展的"牛鼻子"。非首都功能疏解作为一个巨大的系统工程，无论是产业转移还是人口规模调控，都直接涉及劳动力结构的调整，需要加快制定相关支持政策措施。一是围绕促进"人随事走"，结合外迁企业和职工需求，制定疏解企业一次性外迁岗位补贴政策，鼓励职工随企业同步外迁；及时总结在曹妃甸区建立跨省人力社保服务中心的做法，为服务雄安新区建设积累可复制推广的经验，就地就近为外迁企业提供集中服务。二是围绕化解"业走人留"带来的就业压力，在进一步摸清全市去产能、疏功能涉及企业分流职工底数的基础上，将其全部纳入就业帮扶体系，搞好政策和服务对接，集成转岗就业、稳岗补贴、内部安置等各类措施，打好职工分流安置工作组合拳，开展好"一企一策"服务，守住就业稳定底线。三是围绕满足城区公共服务需求，开展老年人力资源二次开发前瞻性研究，并探索通过一次性就业奖励、加大资金补贴力度、完善农民转移就业政策等措施，深化本地人力资源开发利用，充分挖掘全市就业潜力。

二 适应产业转型升级，抓好就业技能开发

劳动力素质直接关系劳动生产率、产业结构调整和供给侧结构性改革。特别是作为劳动者大军中的技能型人才是推动经济社会发展、促进产业转型升级的重要力量。要以贯彻国家《关于推行终身职业技能培训制度的意见》《关于提高技术工人待遇的意见》《新时期产业工人队伍建设改革方案》三个文件精神为主线，在加强人力资源需求预测、建立完善人力资源需求模型的基础上，研究制订首都技能人才振兴计划，重点完善"三个机制"。一是完善职工长效培训机制。围绕发挥企业主体作用，进一步创新职工培训补贴机制，制定企业职工专项培训资助政策，按照培训项目不同，由政府和企业分别给予资金支持，开展职工提升培训和转岗培训。推动企业健全职工培训制度，制定职工培训规划，采取岗前培训、学徒培训、在岗培训、脱产培训、岗位练兵等方式，大幅提升职工技能水平。二是完善"高校＋培训机构＋高技术企业"人才培育机制。对接本市高精尖产业发展，协调有关企业与高校、社会优质培训机构合作，在本市高精尖产业领域搭建校企合作供需网络平台，打造以中关村为核心、辐射全市的人才培养生态。三是完善城乡劳动力"培训、实习、就业"全链条服务机制。推广"服务冬奥世园，促进绿色发展"大培训经验，指导各区结合区域产业发展和重大项目建设需求，调整优化培训目录，实施"一地一策"培训，促进培训更加符合用工单位和劳动者的需求。

三 鼓励创新创业，以创业带动就业

按照习近平总书记"要处理好创新和就业的关系，把握好科技创新和稳定就业的平衡点"的要求，服务全国科技创新中心和文化中心建设，加快建立健全与首都城市战略定位相匹配的创业政策服务体系，打造创业带动就业升级版，创造更高质量就业机会。一是完善创

业政策，进一步加大对创业者的扶持力度。围绕支持高校毕业生、专业技术人才创新创业，完善落实创业"导师帮带制度"和创业见习基地、专业技术人员离岗创业政策，培育一批创业领头羊，发挥创业引领作用。服务推动新经济新业态领域创业，将现有创业就业政策向"互联网＋"等领域延伸，完善相关扶持措施，促进新经济新业态蓬勃发展。聚焦鼓励失业人员、农村转移劳动力在本市公共服务领域创业，落实好创业担保贷款、创业培训补贴等政策措施，帮助城乡劳动者以创业实现就业，在更大范围、更高层次和更深程度上推进大众创业、万众创新。二是抓好创业服务升级，为创业者提供低成本、专业化、全要素的创业服务。完善公共创业服务体系，组织好创业培训、千名创业导师培育、优秀创业项目遴选、创业大赛等各类创业服务活动，提升公共创业服务效能。发挥众创空间专业化优势，以创业孵化基地、留学人员创业园及各类创业园区为载体，通过购买服务和奖励政策撬动社会资源，为创业者在政策、资金、项目等方面给予更大支持。围绕解决创业者及创业企业用人难题，加强用工指导，加大技能人才、专业人才和管理人才培养和引进力度，及时提供人事代理、教育培训和职称评定等服务，打造"创业北京"的创业服务品牌。三是优化创业环境，激发全社会创新创造创业活力。进一步深化人力社保领域资质资格和行政审批改革，为劳动者创业提供更大便利。继续搞好"双创活动周"等创业推进活动，鼓励支持创业沙龙、创业竞赛、创业论坛等各类活动开展，为创业者交流经验、学习借鉴、资源对接牵线搭桥。加大创业宣传，依托网络、报刊、电视、微博微信等多媒体宣传展示创业典型，以榜样力量引领、带动更多劳动者投入创新、创业热潮，在全社会厚植创业文化，营造鼓励创业、宽容失败的良好氛围，使大众创业、万众创新蔚然成风。

四　结合深化"放管服"改革，营造良好就业环境

落实深化"放管服"改革和优化营商环境的要求，进一步完善就业服务体系，逐步形成公共就业服务和市场化服务双轮驱动的格局。一方面，健全多层次、多元化的人力资源市场化服务体系。加快发展人力资源服务业，以推进人力资源服务产业园区建设为抓手，构建更加有力的扶持政策体系和更加完善的市场监管体系，聚集一批国内外知名人力资源服务机构，全面提升人力资源的供给水平。同时，制定出台促进猎头机构发展的政策措施，通过资金奖励、金融支持、人才引进等政策的撬动作用，鼓励更多国内外知名猎头落户北京，为推动高质量发展提供更有力的人力资源智力支持。另一方面，优化公共就业服务体系。要在深入实施城乡就业困难人员、困难家庭高校毕业生、企业分流职工、低收入农户劳动者精准帮扶和完成就业对口扶贫任务的基础上，结合落实市政府便民服务事项，利用互联网和大数据，搭建集岗位信息发布、职位搜索查询、职业技能提升、就业政策审批、创业服务及咨询宣传于一体的"就业超市"，提供全天候、一站式、零距离服务，让服务对象办事像网购一样方便。同时，健全以最低工资标准、企业工资指导线、劳动力市场价位等为主要内容的企业工资分配宏观调控体系，组织开展劳动用工执法大检查，不断规范劳动力市场秩序，全力做好治欠保支工作，有效预防和解决欠薪问题。

第七章

房地产业高质量发展研究

房地产业在北京经济社会发展中占据着重要位置，推动房地产业高质量发展对服务北京经济发展、实现首都"四个中心"战略定位、建设国际一流的和谐宜居之都具有重要意义。与我国经济由高速增长转向高质量发展类似，近年来北京市房地产业也由快速发展逐步向高质量发展转变。

第一节　房地产业当前成绩及主要做法

北京市从 1988 年开始住房制度改革，经过试点、扩大试点、全面推广和逐步深化，推动房地产业快速发展，逐渐成为国民经济的支柱产业。房地产业是拉动经济增长的重要动力，成为北京市地方财税的重要来源、吸纳劳动力的重要行业、银行资产配置的主要领域、家庭财富的主要部分。随着住房建设步伐加快，居民居住条件得到显著改善，房屋质量和综合配套水平明显提高。房地产的快速发展也促进了城市建设，带动城市基础条件、服务功能和形象品位全面提升，城市面貌焕然一新。为促进房地产市场平稳和房地产业健康持续发展，北京市坚决贯彻落实"房子是用来住的，不是用来炒的"定位，积极推动供给侧结构性改革，加强需求端管理，强化监管服务，引导产业发展，多措并举，促进市场体系日趋成熟，发展态势趋于良好。

一　推动供给侧结构性改革

（一）完善住房制度体系

随着住房分配货币化不断推进和房地产市场形势变化，北京市以解决城镇居民住房需求为主要出发点，不断完善住房制度体系，逐渐发展出经济适用房、廉租住房、限价商品房、公共租赁住房、自住型商品住房、共有产权住房等住房类型。目前，实行公共租赁住房、共有产权住房、棚改安置房"三房并举"，建立起覆盖建设、审核、分配、管理全流程的实施体系，从设计、建造到评价、管理全生命周期的标准体系，以及"三级审核、两级公示"的审核管理体系，基本形成保基本、分层次、广覆盖、可持续的住房保障供应体系。连续多年超额完成建设筹集目标任务，并推进"以区为主"分配、"新北京人"定向分配和重点人才专项分配，深化保障房运营主体改革，保障承租人享受同等公共服务权利，住宅宜居度、分配精准度、管理精细度不断提升，群众获得感明显增强。与此同时，坚持商品房交易市场和租赁市场并重，加快建立多主体供给、多渠道保障、租购并举的住房制度，初步形成"低端有保障、中端有支持、高端有市场"的良性发展格局。

（二）加强土地供应调控

土地供应是调控房地产市场的基本手段，北京市注重土地供应调控，从源头调整住房供给，缓解供需矛盾。扩大居住用地与住房供应，适度提高居住用地及其配套用地比重。加强土地储备工作，合理安排供应时序，加强住房建设计划管理。优化住房供应结构，特别是加大保障性住房、共有产权住房、普通商品住房的土地供应力度，计划在 2017～2021 年新供应各类住房 150 万套以上。合理布局居住用地，实现产业和人口、居住和交通的有效对接。

二　加强需求端管理

北京市认真贯彻落实国家调控精神，强化市场监测分析，完善调控政策措施，加强房地产需求端管理，引导居民理性购房。通过综合运用行政、信贷、税收等手段，执行商品住房限购措施、实施差别化住房信贷政策、发挥税收政策的调节作用等，提升精准调控水平，满足首套刚需、支持改善需求、遏制投机炒房。2010 年，启动商品房限购政策，严格限制各种名目的炒房和投机性购房。2015 年，按照国家促消费、去库存的总基调，积极落实信贷、税收等利好政策，支持自住性、改善性住房需求。为抑制房地产市场过热发展，分类指导、因地施策，调控力度持续加大。2015 年，针对通州区房地产市场迅速升温现象，进一步严格该区住房限购措施，有效抑制投机投资性购房需求。2016 年，在全国率先出台"9·30"房地产调控新政，通过调整首套房贷认定标准、差别化提高首付比例等措施，及时有效抑制投机投资需求，稳定市场预期。进一步升级通州区限购政策，将商务型公寓纳入住宅限购范围，严格控制"商改住"。2017 年，在"房住不炒"的政策指引下，率先出台"3·17"调控政策，连续密集出台 10 个方面、20 多项政策措施，调控快狠准，层层加码，不断升级，堪称史上最严的房地产调控，促进楼市迅速回归理性。

三　强化监管服务

（一）完善交易监管机制

为营造规范有序的市场环境，北京市不断完善房屋市场交易监管机制，形成覆盖开发项目管理、商品房预现售、存量房交易、房屋租赁、交易投诉等全过程的监管体系。在此基础上，加强预售审批监管和现房销售管理，严格执行明码标价、一房一价。进一步优化房屋交易流程，压缩购房资格审核时限，取消房源核验和强制资金监管，提高交易效率，优化营商环境。加强租赁市场交易监管，建立全市统一的监管平台，提供便捷的公共服务，监管市场主体各方行为，实施守信联合激励和失信联合惩戒。

（二）规范房地产市场秩序

建立房地产市场监管工作联席会，强化市区、部门联动，发挥合力，加大执法查处力度，共同打击违法违规行为。加强对房地产开发企业及销售行为、房地产经纪机构及经纪活动的管理，严肃查处房地产开发企业捂盘惜售、囤积房源、闲置土地，以及房地产经纪机构哄抬房价、发布虚假房源信息、提供首付贷等违法违规行为。通过对违规企业停止网签资格、对严重违法企业降低资质等级、立案处罚、注销企业资质等，增加企业违法违规成本，引导企业遵纪守法，净化市场环境。

四　引导产业发展

为实现节能减排、提高住宅工程质量、改善人居环境、促进产业结构调整，北京市积极引导房地产业朝着绿色可持续的方向发展。北京市大力推进建筑节能，从 2013 年起在全国率先实施居住建筑 75% 节能设计标准，新增城镇民用建筑严格按照节能标准设计施工。开展全市既有居住建筑节能改造，逐步实施公共建筑节能绿色化改造，提高既有建筑的节能水平。推动超低能耗建筑示范，探索适合北京地域特点的超低能耗技术路线。推动绿色建筑发展，从 2013 年起新建民用建筑在国内率先全面执行绿色建筑标准，发布系列地方标准，制定实施方案和适用技术推广目录，提升高星级绿色建筑比例。积极推进住宅产业化，完善相关配套政策，制定技术标准体系，开展关键技术研发，培育市场主体，实现新建保障性住房产业化方式建设全覆盖。

第二节 房地产业发展现状及主要问题

房地产业在北京经济社会发展的不同历史时期，均发挥了不可替代的重要作用。近几年来，北京市在减量发展的大背景下，房地产减量发展势头明显，市场运行基本平稳，保障民生作用突出，产业发展基础扎实。在新的阶段，与高质量发展的要求相比，与人民日益增长的美好生活需要相比，北京市房地产业发展还存在差距和不足，短期问题和深层次矛盾并存。

一 房地产业发展现状

（一）减量发展势头明显

房地产开发经历快速发展后进入减量发展期。2015 年以来，房地产开发投资由增变减并持续下滑，2015～2017 年分别为 4226.3 亿元、4045.4 亿元、3745.9 亿元，增速分别为 8.1%、−4.3%、−7.4%。房地产开发投资长期占比过半的格局发生改变，2016 年首次降至 50% 以下。商品住房供应持续走低。2015～2017 年，商品住房施工面积、竣工面积双双大幅下滑，2017 年商品住房竣工面积为 604 万平方米，同比下降 52.6%。新建商品住房上市套数亦大幅缩减，2015 年为 7.8 万套，同比下降 28.7%；2016 年 4.62 万套，降幅达 40.8%；2017 年继续下降至 4.18 万套，连创历史新低。

（二）市场运行总体趋稳

2017 年，全市商品住房成交量缩价稳。从成交量看，全年商品住房签约 17.7 万套，同比减少 45.6%。其中，新建商品住房 4.3 万套，同比减少 26.5%；二手住房 13.4 万套，同比减少 49.8%，所占市场份额超过 60%。从成交价格看，2017 年 12 月，全市新建商品住房网签均价为 3.78 万元/平方米，同比下降 0.9%，自 2016 年 10 月份以来连续 15 个月环比不增长；二手住房三方协议均价连续 9 个月环比下降。住房租赁交易量增价稳。2017 年，全市住房租赁交易约为 246.8 万套次，同比增长 22.3%；平均月租金为 75.6 元/平方米，同比上涨 2.4%。

（三）保障民生作用突出

在保障性住房方面，截至 2017 年底，累计建设筹集公租房 20 万套，完成配租 15.76 万套；公租房补贴累计发放 2.32 万户、5.42 亿元；市场租赁住房补贴累计发放 4.97 万户、14.51 亿元；累计为非京籍家庭分配公租房 1.1 万套；自住型商品住房项目累计入市 95 个，共 8.6 万套；推出共有产权住房项目 42 个、约 4.4 万套，在保障基本居住需求、共享发展成果等方面做出重要贡献。在商品房交易方面，2017 年，首套购房占 76.7%，同比提高 0.8 个百分点；非本市居民购房占 17.3%，同比下降 1.1 个百分点；二手住房中 90 平方米以下套数占 63.9%，新建商品住房中 90 平方米以上套数占 79.5%。房地产市场中刚需占主导，本市居民购房占主导，二手住房以中小户型为主，新建商品住房中改善型成主力，投资投机行为得到有效抑制，房屋居住属性进一步强化。

（四）产业发展基础扎实

房地产市场主体蓬勃兴起并逐步壮大，已经形成从开发建设、流通交易、中介服务到物业服务完整的产业链。1980 年，北京开始组建第一家房地产综合建设开发公司，到 2017 年房地产开发企业达 2414 家，是 1998 年的 4 倍多；非国有企业占比达 98%，市场开放程度较高；资产总额和利润总额呈上升趋势，经营状况整体较好。全市备案房地产经纪机构为 2924 家、分支机构为 4364 家，房地产估价机构为 160 家，为房地产交易提供全面便捷的服务。物业服务企业自 1995 年诞生第一家以来，经过快速发展，2017 年达 3135 家，备案物业管理项目为 7000 个，总建筑面积为 6.4 亿平方米，覆盖住宅总量的 80% 以上。

二 房地产业存在的主要问题

（一）多重取向困扰行业健康发展

北京房地产具有较强的居住和资产属性，牵一发而动全身，影响着经济发展、财富分配、居民生活、社会稳定等经济社会的各个方面。在房地产业发展中，宏观调控和产业政策烙印明显，企业和居民、政府和市场在不同阶段和形势下，对房地产的期望需求各有不同，尤其是在发展周期交替和结构调整时就更加明显。房地产业作为一个行业，背负责任过重，牵扯面太广，在多重目标下权衡难度大，容易顾此失彼，不利于行业的健康持续发展。

（二）房地产调控方式有待完善

北京市房价走向是优质资源集聚、城市化进程推进、供需不匹配等多种因素长期综合作用的结果。短期依靠行政调节是必要和有效的，通过提高交易门槛、增加交易成本以及调整新房上市节奏和时序，能够实现控价目标，维持市场稳定。但是，房地产市场开放程度较高，竞争相对充分，关联效应较强，长期依靠行政调节难度较大，需要发挥市场的决定性作用，用经济、法律手段稳定预期，建立符合国情特别是市情和市场规律的长效机制，使其在健康平稳轨道上运行。

（三）住房水平存在提升空间

北京房地产业经过 20 年快速发展，住房总量供不应求矛盾在很大程度上得到缓解，但与 2020 年全面建成小康社会的人口规模及住房目标相比，与住房供求平衡状态套户比 1.05~1.1 的水平相比，供应总量还有待增加，住房资源的配置效率有待提高。此外，居住质量有待提升。房屋使用年限与国外差距较大，适老性设施和生活配套设施不足，影响着居住品质。特别是危旧房、简易楼、棚户区等一批居住条件较差的房子，依然承担着居住功能。新房郊区化、偏远化趋势明显，职住分离较为突出。

（四）发育程度难以满足当前需要

房地产市场主体丰富且初具规模，但市场化发育时间较短，发展水平不高，诚信意识不强，影响了市场的规范化运作。房地产金融创新不够，开发企业自有资金不足，经营上存在短视行为，过度追求短期利益，缺乏对长远发展的考虑和安排。房地产经纪行业在人员素质、服务质量、规范程度、法律法规等方面，与国外成熟市场差距较大。物业服务公司服务质量参差不齐，"收费难、服务差"的症结有待破解。住房租赁市场供应主体单一，房源品质差、换房周期短、租后维修难等问题导致租住体验欠佳。

（五）距绿色发展水平还有差距

北京是人口资源环境承载过重的城市，房地产业虽然建设规模和产值贡献较大，但发展还比较粗放，是典型的高耗能、高排放产业。民用建筑在建材生产、建造和使用过程中，能耗远超发达国家。既有居住建筑改造市场积极性不高，绿色建筑实际运行效果与设计标准存在差距。住宅产业化尚未大范围推广，装配式建造规模效益不明显，成本、进度优势不突出，市场发展动力不足。全装修成品交房尚未全面推行，二次装修产生大量建筑废弃物，建筑垃圾资源化利用有待加强。

第三节　房地产业高质量发展的对策思路

当前是我国全面建成小康社会的决胜阶段，也是北京市落实首都城市战略定位、加快建设国际一流的和谐宜居之都的关键阶段。深入推进京津冀协同发展、全面深化改革、引领经济发展新常态、加快转变经济发展方式等要求，给北京市房地产业发展提供了新机遇，也提出了新挑战。必须服务大局，立足当前，放眼长远，推动房地产业不断朝着更高质量、更可持续的方向发展，走出一条符合新时代要求、具有首都特点的道路，满足经济社会发展的新要求和人民群众拥有更舒适居住条件的新期待。

一　找准产业定位，明确发展目标

高质量发展，就是能够满足人民日益增长的美好生活需要的发展。北京市房地产业要实现高质量发展，关键在于找准定位、明确目标。在新的阶段，要深入研究和正确处理房地产业在促进经济发展、解决民生问题两个方面的作用。2010 年以来，北京市在全国率先制定并实行了最为严格的限购措施，必须看到，房地产业过热是宏观经济形势的具体表现而非源头，宏观经济政策、货币供应情况、土地供应模式和群众固有住房消费心理是促进行业持续发展需要重点考量的因素。当下，北京市面临着人口疏解与人才引进、解决新增住房需求与土地资源有限供给、增加住房供应与减量发展并存的形势，要立足"四个中心"战略定位，完善以政府为主提供基本保障、以市场为主满足多层次需求、租购并举的住房供应体系，把有限的资源优先用于满足居住需求。对低收入家庭，政府应发挥主体责任，保障其基本居住需求；对夹心层家庭，要增加供给渠道和方式，由政府和其自身共同解决住房问题；对高收入家庭，要通过市场提供住房。稳步推进公租房建设管理，继续推进以区为主精准分配和"新北京人"、重点人才专项配租，实行实物配租和货币补贴并举。积极发展共有产权住房，提供更多群众可承受的住房。积极发展住房租赁市场，引导群众转变"重自有轻租赁"的住房消费理念，使租房住成为实现住有所居的重要途径。

二　建立长效机制，促进持续发展

推动房地产业高质量发展，应保持调控定力，做好精准调控，更应建立符合北京市特点、适应市场规律的长效机制，发挥市场在房地产资源配置中的决定性作用，这是市场经济发展的根本要求，也是房地产业健康发展的重要保障。要综合运用多种手段，在土地、规划、住房、金融、税收、法律等一系列基础制度建设上着力。进一步完善土地储备制度，盘活闲置和低效用地，调整用地供应结构，提高住宅用地比例，优化供应机制。探索建立土地多元化供应和宅地平价供给制度，推动土地财政向税收财政转变。加强土地供应和开发建设全过程监管，缩短从供地到供房的开发周期。建立多主体供给、多渠道保障、租购并举的住房制度，编制实施住房专项规划，实现住房科学有效供给。完善住房金融制度，实现对刚性、改善性和投机投资性需求的分层调控，支持合理购房，防范化解金融风险。因区因地施策，制定更有针对性和差别化的调控政策。统筹考虑京津冀协同发展和疏解与承接的需要，加强预调微调，做到有堵有疏。整合房地产各环节税费，增加持有环节房产税，加大多套房持有成本，提高房屋资源配置效率。制定住房租赁、物业管理等地方性法规，引导市场良性发展。

三　提升居住品质，改善人居环境

衡量住房建设和发展水平，不仅要看数量的增长，更要注重品质的提高。随着经济快速发展，人们对住房质量和居住环境提出更高要求，住房发展已由数量增长向品质提升转变。一方面，积极稳妥推进既有住区有机更新。继续实施老旧小区整治、棚户区改造、直管公房改革、简易楼处理等，创新制度机制，改善居住条件，保护古都风貌。另一方面，坚持首善标准，在保证建设量的同时，提升住房建设品质。完善质量安全管理制度，严格落实工程质量终身责任制度，重点强化建设单位主体责任。提高住房建设标准和质量，推进住房建设标准化、信息化、智能化。完善居住功能，优化居住环境，健全配套设施，打造具有更高舒适度、性能标准、质量保障、使用寿命的精品住宅，迈向"百年住宅标准"。结合区域功能定位，优化住房建设选址和布局，加大公共交通基础设施建设力度，促进职住平衡、产城融合，创造更好的人居环境。

四　规范市场秩序，优化发展环境

在深入推进"放管服"、优化营商环境的形势下，信用管理是提升监管效能、改善市场环境的重要手段。应建立健全房地产市场信用管理体系，推进对房地产开发企业、房地产经纪公司、评估机构、物业服务公司及从业人员的信用评价，纳入社会信用体系管理。推进信用评价结果的综合利用，营造守信激励、失信惩戒的市场氛围，形成诚实守信、行为规范的行业发展环境。加强联动综合执法，加大查处力度，重拳打击房地产开发企业捂盘惜售、囤积房源、闲置土地、炒地，以及房地产经纪机构参与炒房、哄抬房价、发布虚假房源及价格信息等违法违规行为，并予以公开曝光，纳入企业信用档案，实施联合惩戒，引导企业诚信、守法、合规经营。完善质价相符的物业服务价格机制，建立全方位、多层次的纠纷解决机制，促进物业服务行业持续健康发展。培育发展住房租赁市场，出台长期租赁管理办法、标准规范，完善政策支持体系，推出多元化产品和服务，使群众获得更好的租住体验。

五　转变发展方式，实现提质增效

按照建设资源节约型、环境友好型社会的总体要求，合理引导住房建设，加快转变发展方式，促进房地产业可持续发展。发展节能环保型住宅，有效节约能源资源，提高住宅的安全、耐久、经济、舒适性能。提高新建建筑节能设计标准，加强建设施工过程监管。发展新型建造方式，大力推广装配式建筑，完善技术、标准、政策体系，推进产业链发展，提高装配式建筑在新建商品住房中的比重。全面促进绿色建筑发展，提高建设标准和管理水平，推进绿色建材发展。深入开展既有居住建筑和公共建筑节能改造，提升既有建筑绿色化水平。创新监管服务机制，将超低能耗建筑、绿色建筑、装配式建筑等提升建筑品质的技术要求纳入土地招拍挂等环节，完善建筑节能领域激励政策，引导社会力量投身建筑节能领域。积极发展全装修成品交房，科学制定装修实施标准，提高材料利用效率，减少建筑垃圾及环境污染。推进建筑废弃物资源化综合利用，鼓励社会各方共同参与，实现建筑垃圾"变废为宝"。

第八章

乡村高质量发展研究

实施乡村振兴战略，是党的十九大做出的重大战略部署。按照中央总体战略部署，市委、市政府明确了北京市乡村振兴的总体思路，即以习近平新时代中国特色社会主义思想为指导，立足北京建设"四个中心"、做好"四个服务"战略定位，紧扣"大城市小农业""大京郊小城区"这一特点，按照产业兴旺、生态宜居、乡风文明、治理有效、生活富裕的总要求，抓住城乡融合发展、农业绿色发展、农民全面发展"三个维度"的发展主线，扎实做好乡村改革、乡村发展、乡村建设、乡村文化、乡村治理"五篇文章"，高质量推进农业、农村、乡村治理体系和治理能力"三个现代化"建设。到2020年，全面完成农村人居环境整治、低收入帮扶、农业"调转节"、软弱涣散村整顿等重点工作，为决胜全面建成小康社会和建设国际一流的和谐宜居之都提供坚实保障。

第一节　推动乡村高质量发展的基础

近年来，在市委、市政府坚强领导下，北京坚持服务首都城市战略定位，坚持城乡融合发展方向，出台了一系列强农惠农富农政策举措，深入实施农业"调转节"，协调推进新型城镇化和美丽乡村建设，全面深化以"三块地"为重点的农村改革，全力改善农村民生，不断提升城乡融合发展水平，为实施乡村振兴战略奠定了良好基础。

一　体制机制有保障

北京市委、市政府始终坚持"重中之重"的思想，全面贯彻中央关于统筹城乡发展的各项部署。自 2008 年提出率先形成城乡经济社会发展一体化新格局以来，连续 10 年围绕城乡一体化出台综合性政策文件，巩固和完善了"部门联动、政策集成、资金聚焦、资源整合"的工作机制。市区两级出台了一系列含金量高的政策制度，部门之间加强联动、密切协作，扎实推动一批重大工程、重点项目实施，大力推进就业、教育、卫生、文化等公共服务向农村延伸，公共财政持续向农村聚焦倾斜，农村各项改革深入推进，城乡资源要素自由流动的体制机制不断完善。基层乡村进一步加强村民自治和民主管理，充分调动农民的积极性，共建、共治、共享的乡村治理机制不断完善。

二　产业发展有条件

全面落实 2014 年习近平总书记视察北京时强调的"调整农业产业结构、转变农业发展方式，发展节水农业，多搞林业"的要求，北京市委、市政府出台了《关于调结构转方式发展高效节水农业的意见》，着力推进农业绿色发展、循环发展、融合发展。4 年来，全市高耗水作物播种面积由 2013 年的 290.8 万亩调减到 100.3 万亩，规模养殖场从 2535 家调减到 890 家，农业年用新水从 7.3 亿立方米下降至 5 亿立方米左右，大部分调减任务提前完成。同时，高端高效高品质的特征不断显现。2017 年，农产品"三品一标"认证率达到 60%，农业科技进步贡献率超过 70%，农业物联网、机械化等现代智能装备明显加强。特别是乡村产业融合态势明显，会展农业、"互联网＋"现代农业、休闲农业和乡村旅游等蓬勃发展，乡村酒店、特色民宿等新产业新业态竞相涌现。

三 乡村建设有基础

多年来，北京市围绕新型城镇化和新农村建设，有序实施城乡接合部地区改造，大力培育功能性特色小城镇，扎实推进美丽乡村建设，加快补齐农村短板。投资数百亿元，连续近 10 年推进农村 "5＋3" 基础设施建设工程（街坊路硬化、安全饮水、污水处理、厕所改造、"垃圾处理＋让农村亮起来"、让农民暖起来、让农业资源循环起来），累计创建美丽乡村 1322 个；全面开展了农村地区 "煤改清洁能源"，已累计完成 2513 个村庄、约 95 万户住户改造任务；实施农宅抗震节能改造 77 万户，基本实现了应改尽改；连续实施 3 轮山区搬迁工程，累计搬迁 4.7 万户 11.1 万人，建成具有一定规模的搬迁新村 240 个，农村的基础设施和人居环境持续得到改善。

四 民生改善有制度

坚持把改善和提高农村民生作为根本政策取向，全面推进城乡公共服务均等化，加快构建和完善农村各项社会保障制度，有序推动实现了居民基本医疗、基本养老、低保标准的城乡统一和并轨，并建立了动态调整机制，农村社保水平持续提升。不断加大转移就业、公益岗位安置等力度，扎实推进 "六个一批" 精准帮扶措施实施。2017年，农村居民人均可支配收入达到 24240 元，实际增长 6.7%；低收入农户人均可支配收入实现 10698 元，增长 19.4%，55% 低收入农户家庭人均收入超过低收入标准线。

第二节 乡村高质量发展存在的突出问题

习近平总书记指出："城乡发展不平衡不协调，是我国经济社会发展存在的突出矛盾，是全面建成小康社会、加快推进社会主义现代化必须解决的重大问题。"[①] "三农"是全市高质量发展的一块明显短板。农村环境脏乱差问题突出，基础设施和公共服务比较薄弱；农业现代化水平不高，绿色农业、有机农业、智慧农业比较滞后；农民收入水平相对较低，人均可支配收入只有城镇居民的39%。应该说，农村从"里子"到"面子"都与城镇差距甚大，农业农村高质量发展任重道远。

一 制约农业提质增效的因素较多

伴随农业规模的调减，农业适度规模经营水平并未明显提高。规模农业经营户占比不足1%，规模经营面积只占耕地面积的27.5%，小农生产仍是大多数；从事农业及兼业的劳动力比重依然较高，北京市第三次全国农业普查（以下简称"三农普"）数据显示，全市现有农业经营户42.4万户，第一产业从业人员为53万人，占农村劳动力的1/3左右。农产品优质不优价、"劣币驱逐良币"现象比较普遍。高附加值的农产品占比太小，这些年北京市农业生产成本越来越高（用工成本日均100~150元、土地流转费每亩每年1200~2000元、化肥农药等生产投入品等价格也不断上涨），农业清洁生产、绿色生产要求越来越严，使农业生产、经营的利润越摊越薄。以区域特色水果为例，除了昌平草莓市场销售较好外，昌平苹果、大兴西瓜、平谷大桃、怀柔板栗、房山磨盘柿子等地域优势品种，在不同年份都存在滞

---

① 《习近平谈治国理政》，外文出版社，2014，第81页。

销、价低或被其他地域产品冒名顶售等情况。同时，农业电商发展也不充分，2016 年通过电商销售农产品的经营户仅占 2%，按订单销售的农户只有 6 万户左右，60% 左右的农户还是采取传统自销的方式，农民丰产不丰收的问题仍然很突出。

二　第一、第三产业融合发展的水平有待提升

过去 10 多年来，休闲农业和乡村旅游是一枝独秀，也是北京市"三农"工作的一个亮点、市民出游的一大看点、农民增收的一个支点。但是，2017 年以来，民俗接待户和乡村旅游收入出现"双下降"，这一拐点或许正是"倒逼"郊区休闲农业和乡村旅游转型的重要因素。近年来，北京市每年乡村休闲游接待游客超过 4000 万人次，但人均消费只有 100 元左右，与其他的旅游形式相比、与乡村旅游做得好的地区相比差距都比较大。主要问题包括同质化竞争严重、越来越缺少特色，大多是农家院，还有些翻建了二三层，但越盖越不像农宅，房前屋后、院内院外都硬化了，自家种的菜、产的农产品越来越少，休闲农业园区采摘品种单一、农事活动体验性差、配套设施不全、停车用餐不便。本该独具特色的餐饮渐渐变成了流水席，每家的菜谱都一样、口味相同。农村的环境面貌也没有明显的改观和提升，有特色的乡村旅游产品供给能力不足，低端发展倾向明显、越来越缺少乡土味道，住房不舒适、居住空间无隐私、卫生间配置水平低、无线网络信号覆盖弱等制约因素越来越显现。加之传统习俗、农耕文化、乡村特色传承弘扬不够，乡村旅游和休闲农业的获客能力越来越差，经营者越来越赚不到钱。目前，许多民俗村人均消费 120～150 元/天，含三餐一宿，多年价格未变。多数农家乐是封闭运行，以单打独斗为主，没有引入互联网等新的营销方式，携程、美团、大众点评等第三方平台使用率不高。另外，现在虽然特色民宿发展比较快，但也存在盲目跟风、抢地盘、拼投资、趋同化的景象，有些价位已远

远偏离了大众及中等收入阶层的消费能力，这也需要引起注意。

三 农村的环境面貌缺少有机更新

从整体来看，历史遗存下来的传统村落、文化名镇名村较少，已命名的 44 个传统村落保护与利用也不够有力；3000 多个行政村面貌趋同，有颜值、吸引力强的村庄不多；零星散落的 5000 多个自然村不集约、不紧凑。自开展新农村建设以来，农村经历了一轮较大的投入，基础设施和公共服务水平有了明显改善，曾涌现一批典型样板。但是，农村整体环境水平不高，整体风貌不佳，特别是连线成片的美丽宜居乡村覆盖面太小，没有持续培育出一批新的典型示范，有的老典型也渐渐失去了风采。从村庄形态来看，许多村庄有形无神，农村符号、乡土气息越来越少，根源还是农村住房从风貌到布局上没有管控住，纵然投入再多的基础设施、配套再全的公共服务，农村给人们的整体感觉还是凌乱一片、缺少新貌。应该说，住房是农村的形，传统文化是农村的魂，形散而魂不聚，而目前农村看起来"灵气不现、六神无主"。就农村住房来看，这不仅是农村的一块"短板"，也是农村的一处"硬伤"。北京市农村现在的农房多是 20 世纪六七十年代后建起来的"火柴盒"，2006 年以前以简单的砖木结构为主（2006 年占比 65.8%）。这些房屋基本上不节能、不抗震、不舒适、使用寿命短。与传统建筑相比，这些房屋缺少文化承载和艺术设计，基本上也就二三十年翻建一轮，每年农村翻建房户多达 5 万~8 万户，花了很多的钱却没有达到应有的效果。目前，农村住房中虽然砖混、钢筋混凝土结构的占比提升到 62.7%，但许多房屋的面貌与农村的形态相去甚远，谈不上美观与和谐。究其原因，根本上还是农村人口及居住形态分化严重，农村城镇化形态更为明显。这些年，乡村建设大多不是向美丽宜居乡村的方向去转，而是向城镇化形态去靠，城镇化的力量及"以城治村"的思维方式比较强，农村传统文化挖掘发展不够并不断消亡，大部分村庄无规划可依，有些村庄"被成为"规划不保留村，在一些规划文本中给抹去了，实际上老百姓根本不知道有上位规划，发展中自然也就随性而建、任性而为。

四 农村集体经济发展极不均衡

北京市集体资产总量看起来虽然庞大，但高度集中在"朝海丰"及城乡接合部等区位优势较好的地区，而众多偏远乡村的集体经济比较薄弱，许多村庄靠财政补助才能运转。目前，集体年收入在 100 万元以内的村有 1524 个，占全市总村数的 39.7%；资不抵债、净资产为负数的村有 328 个，占全市总村数的 8.3%；收不抵支的村有 1866 个，占全市总村数的 47%；1/5 的农村集中了近 4/5 的集体经营性建设用地，但经营和利用方式比较粗放，并且这些村大多分布在平原地区。农村集体经济发展与农民的期盼也有较大差距，80% 左右的村没有集体自营资产，全市只有 1/3 的村集体实现了股份分红。新型集体经济组织发展水平也良莠不齐，以第一产业为主的占 55.8%，集体收入普遍偏低或者没有收入；以第二产业为主的仅占 2.2%，且多以小型建筑构件加工为主，缺乏可持续性和市场竞争力；以第三产业为主的占 42%，其中 80% 又以土地和房屋出租为主，缺乏活力和带动力。在疏解非首都功能的过程中，农村集体产业发展普遍面临新旧动能转换的"空档期"和"阵痛期"，壮大集体经济任重道远。另外，过去大量社会资本多数是"依约"（与村委会口头或协议约定）进入农业农村，在发展过程中许多投资项目和建设内容并不"合规"，这也造成双方的许多权益无法得到充分保障和有效实现。

五 农业农村人才匮乏

留不住本村的年轻人，引不来外来的能人，容纳不下观光休闲的客人，还有来了之后不知道怎么干的外来投资者，这就是当前农村的现实写照。一方面，乡村从业人员主体结构老化。根据"三农普"统计，在北京市第一产业从业人员中，青年人比例很低，35 岁及以下的仅占 10%；从业人员整体年龄偏大，55 岁以上占 40.6%；受教育程度总体较低，初中及以下学历占 80.2%；规模农业经营户生产经营人员初中及以下学历占 81.8%。另外，农村转移就业劳动力的就业质量也不高，主要集中在劳动密集型行业，就业不太稳定，《北京 2017 年农民工监测调查报告》显示，2017 年，北京市农民工月均收入仅为 3230 元。另一方面，乡村对人才的吸引力不足。因城乡基础设施和公共服务差距依然较大，人才下乡创业的产业用地、用电、金融、税收、社会保障等配套政策还不够健全和完善，新型职业农民、"新农人"的认定、管理、服务和扶持制度没有建立起来，各类人才特别是青年人积极参与乡村振兴的政策环境还不够成熟。

六　乡村治理面临不少挑战

农村地区人口"过密化""空心化""农居混杂"并存，乡村居住人口分布严重不均衡。目前，在北京市 630 余万农村常住人口中有一半多居住在 3000 人以上的特大型村庄中，有 45% 的北京农村户籍人口为非农业户籍人口。一方面，城区周边的许多乡村出现"人口倒挂"，不少地区的人口密度超过了中心城市，其中有 640 个村外来人口数量超过了户籍人口，常住人口达到近 300 万人，即约 1/6 的村庄集聚了近一半的乡村人口；另一方面，在一些山区乡村，有条件的家庭举家外迁，有文化的青壮年劳动力常年外出务工，村庄老龄化、"空心化"现象突出，郊区农村住房的平均空置率在 12% ～15%（含大量的出租房屋）。由此导致，人口过密的农村地区基础设施和公共服务供需矛盾突出、安全隐患较多、管理难度较大，而老龄化、"空心化"的村庄则面临设施与服务供给的成本过大、发展活力不足等问题。同时，在城镇化进程中，有数百个村已搬迁至楼房，有 280 多个村庄的农业户籍人口已经不足 20 人，但这部分村庄仍沿用农村治理的老模式，在管理体制上没有向城镇社区转变，管理成本较高。另外，农村基层干部违纪违法行为时有发生，发生在农民身边的"微权力"腐败、黑恶势力、村霸等现象也不容忽视。

第三节　推动乡村高质量发展的政策建议

对标对表中央要求，北京市委、市政府出台了《关于实施乡村振兴战略的措施》，布置配套了一系列政策举措，切实推进以改善农村人居环境为重点的工作，《北京市乡村振兴战略规划（2018—2022年)》也正在编制中，应该说，目标、架构和路径都有了，关键是抓好落实。乡村振兴是一篇大文章，还需全市一盘棋，突出问题导向，坚持农业、农村优先发展，加大投入，这样才有可能让乡村发展赶上来，让乡村振兴勇立新潮头。

一　依托科技优势，切实推动农业、农村绿色发展

科技、人才是北京农业的根本优势，绿色、优质、安全、可持续是农业绿色发展的核心要义，只有将产学研有机统一起来，农业的"高特优"才能更好地体现出来。

（一）在有限的空间里让农业种养实现"双面绣"

在农业种养的发展过程中，一面绣好产品，按照"调转节"的总体要求，继续调减高耗水的一般粮食作物，调减高污染的粗放养殖，优化农业结构布局，要像抓精准帮扶低收入人群工作一样，把"菜篮子""果盘子"精准到每一个地块，建设一批特优基地，把北京的小品种做特、大品种做优，打造一批"独一味""错头峰"的当家产品、拳头产品，搭建电商、专店等销售平台，变地头产品为地标产

品，变一般售卖为专柜销售。大力聚焦籽种农业、设施农业、智慧农业、观光农业和景观农业，实施科技助农"百小"工程，变农业科技研学推广为经营者需求推广，真正把科技支农项目落到每一个农业经营主体身上、转化为提质的效能。同时，在"调转节"的进程中，要注意简单地不要农业、放弃农业的倾向，纠正把农业调减为"零"或把耕地全转为绿化用地的行为，坚定基层发展现代农业的决心、树立绿色发展的信心，给坚守农业发展的乡镇、村和先进生产经营者撑腰打气。

（二）合理调控土地流转费用，提高农业适度规模化经营水平

近些年来，土地流转费用异常攀升，很大的动因就是追逐农地非农化的倾向，一些本意不是搞农业的社会资本跑马圈地，这在一定程度上制约了农业的规模化经营水平。要更好地实现承包地"三权分置"、有效放活土地经营权，必须对农地流转价格进行适当的干预和调控，限定最高价（不超过平原造林每亩每年 1500 元的标准）、给出指导价，切实让经营者干得安心踏实、真心做农业。要结合正在开展的设施农业项目用地清理整治专项行动，对层层转包的租赁合同进行清理规范，对那些"二道贩子""中间人"的不当得利行为说"不"，对占而不种、圈地撂荒、搞非农经营的情况进行坚决整治，通过"村地乡管"或集体经营等途径把高企的流转费用平抑下来，把宝贵的耕地交给有情怀的"新农人"来耕作经营。要把发展社会化服务、培育专业化队伍作为一个重点，大力培育代耕代种、联耕联种、托管经营等新型农业服务主体，保护和提升"小农户"的现代经营水平。

（三）以特色民宿发展带动传统农家乐提档升级

乡村旅游转型升级迫在眉睫，应抓紧研究出台北京市促进乡村民宿发展的指导意见，对特色民宿健康发展放个口子、有序引导。可借鉴浙江、江苏、上海等地的经验，如浙江、江苏规定"民宿的经营规

模设定为单栋房屋客房数不超过 15 间，建筑层数不超过 4 层，且总建筑面积不超过 800 平方米"；上海规定"单体建筑内的房间数量不超过 14 个标准间（或单间）、最高 4 层且建筑面积不超过 800 平方米"。结合北京实际，将北京市的民宿建筑层数设定为最高层不超过 3 层，总建筑面积不超过 600 平方米，宅基地落地面积不超过 200 平方米，单栋房屋房间数量不超过 12 间，同步解决工商、消防、卫生、安监等审批登记问题，让从事乡村旅游、休闲农业的经营者完全拥有市场主体地位。

二 借乡村振兴之势，建设美丽宜居乡村

形神兼备、自然有序、人文承续是美丽乡村的根本属性，只有把乡村形态搞对了，乡村振兴才有基础。

（一） 建设一批"百年农宅"，实现村庄有机更新

可以说，当前农村新建房屋越来越多，但环境状况未有明显变化，农村风貌也越来越乱。要加紧制定规范引导农村建房的政策，汇总编制适合北京农村的农房图集，彻底遏制二三十年翻建一轮农房的现实状况，坚决遏制每有重大工程项目落地农村就有建房的冲动，有序建设一批经济、实用、美观的"百年农宅"，真正让传统村落在历史岁月中永远传续。正如贵州省从 2006 年起，选择了不同条件的 102 个村开展试点，对按规划选用《农宅推广图集》建房的给予补贴，通过"送图下乡、送图赶场"、专业技术人员包片蹲点、培训农村建筑建设工匠等，经过 10 余年的建设，形成了一批焕然一新的乡村，特别是遵义市湄潭县打造的以"小青瓦、坡屋面、穿斗枋、雕花窗、转角楼、三合院、红柱子、白灰墙"这一黔北特色民居的新村，已成为乡村振兴的一个范例。实践证明，如果各级政府投入的基础设施和公共服务项目都围绕农民新居来展开，会取得事半功倍、"脱胎换骨"

的效果。当前，北京市绝大多数可学可看的典型是对农宅进行了系统改造的，但稍显遗憾的就是这些村庄住宅改造多是一张图纸建成，少了差异性和多样性。为此，对农村住宅的自行翻建，既要有历史耐心，更要有宽容心，可借鉴江浙、川贵等地的经验做法，放宽层高限制、严格面积管控，放长建设时间、避免全村一次成形；既可以因地制宜、高低错落建二三层，也可以适度集并建新型社区；新建、翻建二三层的，要严格落实一户一宅、严格执行 2.5～3 分地的政策，住房落地面积可控制在 120 平方米，总面积不超过 350 平方米；原宅基地面积普遍较大的（4 分地左右），也可引导其建设二层以下的四合院式住宅。不论以哪种方式进行有机更新改造，平原地区的农村都可以腾退、节约出不少的土地，山区、生态涵养区农村虽然集约的空间有限，但通过住宅改造、发展民宿也相当于缓解了其发展空间不足的问题，还可以减少对林地及其他空间的扰动。同时，也能推动成批的自然村、零散户向集中改造村有序集聚。

（二）发挥老典型引路作用，积极培育一批更具特色的新典型

改革开放后，涌现了留民营、窦店、韩村河等一批老典型，至今典型作用未减；新农村建设以来，又培育了高碑店、蔡家洼、挂甲峪、官地、石家营、黄山店等一批典型，起到了较好的示范引领作用。当前，实施乡村振兴战略，更离不开典型引路的作用，要把蔡奇书记提出的"百村示范、千村整治"这一工程做实，关键是要有一批符合农村实际、凸显农村特色的规划，既要防止"一哄而起、千村一面"，也不能搞成"缩小版的城镇"，村庄要提倡陪伴式的规划，农村要保持渐进式变化。要结合村庄演变的形态，列出建设、保护、搬迁、撤并的优先顺序，给出发展的路线图，对村庄风貌、规划实施、建设项目进行严格管控，通过政策的长期调控，达到人与自然、传统与现代的平衡，让长城脚下、运河岸边、京西古道、皇家园林边上的村落焕发生机、再现生气。

三 深挖改革红利，为乡村振兴提供支撑

乡村土地资源、北京人才资源富集，都需要通过深化改革来科学地导入导出，激发乡村发展的活力。

（一）在减量发展的前提下，合理保障农村新产业、新业态的用地需求

在中央一号文件和北京市委、市政府关于实施乡村振兴战略的措施中，对农村三次产业融合发展、新产业新业态的用地都做了明确的规定。比如，市委文件明确规定："在符合城市总体规划的前提下，将年度新增建设用地指标安排一定比例用于乡村休闲旅游、养老等产业；在符合土地利用总体规划和保持减量发展的前提下，允许区政府通过调整优化村庄用地布局，预留部分规划建设用地指标用于单独选址的休闲农业和乡村旅游设施等建设。"据基层反映，这些政策都很给力，但就是没有一桩能落实的，因为根本不知道该如何操作。这就需要市有关部门和各区研究可操作的措施和指南，新增指标怎么定、点状供地往哪供、低效腾退怎么退、闲置盘活怎么用、做到村庄改造集约节约的怎么奖、利用不好的怎么处置、宅基地制度怎么改，这些都应该有个切实可行的操作办法，这个政策的"最后一公里"对今后乡村产业的发展将起到指向引领作用。同时，要督促乡镇优化营商环境，改变一味追求"高大全"的项目。对受市民欢迎、农民受益的民宿、微电商、田园综合体等项目要积极支持，推进"腾笼换鸟"。

（二）加大对集体经济发展的政策支持力度

区分情况，有针对性地支持引导。对集体年收入在500万元以上的790个村，强化"三资"管理，改变单一的经营模式，引导其由自营为主向入股、合作、承包与自营相结合的经营方式转变，更好地对

接市场，其中对已经完成城市化建设的农村社区股份合作社，引导其向现代企业转变。对集体年收入在 100 万~500 万元的 1524 个村，适当加大财政补助，加大对纯农乡村、生态涵养区乡村的财政转移支付力度，强化主导产业的培育，完善法人治理结构。对集体年收入在 100 万元以下的 1524 个村，在保障其一定的产业发展用地的基础上，加大财政、金融、税收等政策的支持力度，可将低收入产业帮扶等政策有序延伸到这些村庄，特别是对其中 69 个年收入不足 10 万元的村庄，采用"一村一策"制定专项的帮扶措施。在扶持集体经济发展的同时，可考虑将集体经济薄弱村与乡村更新改造结合起来，对其中规划不保留的村尽早启动搬迁集并，实现资源整合、强村带动。

（三）强化乡村振兴人才支撑

把人力资源的培育、开发、引进放在首要位置，切实改变在乡村建设发展中"农民主体不主动、政府引导变主导"的窘况。通过人才的振兴，既能让农民担当"主角"，也能让其他各类社会人才在农业农村的舞台上崭露头角。北京提出的培育乡村"四类人才"（加快建设一支以农业职业人才为主体、以农业科技人才为引领、以乡村专业人才为保障、以乡村乡土人才为特色的农业、农村人才队伍）是一个很好的方向，关键是要有顺畅的通道、适宜的舞台。即返乡创业要有足够的政策，让农村留得住人，比如职业农民、乡村旅游人才的培育要按需培训、订单式培训，实打实地把有限的产业做起来；"上山下乡"要有一定的保障，让农村引得来人，比如第一书记的选育、公职人员回村任职或创业、后备人才的培养要有完善的激励制度，既有"头雁"，也有"雁阵"；为告老还乡、寻觅乡愁开通灵活的渠道，让农村容得下人，比如可以与闲置农宅的利用相结合，探索尝试放开多个渠道，引导城市中巨量的有"三农"情怀的退休公务员、教师、医生、企业职工等到农村发挥余热，任职也好、创业也行、辅智也成、助教也可，让这部分人渐渐地成为新乡贤的重要组成部分。从长远来看，农业职业经理人、特色民宿经营者、乡村规划师和建筑师、乡村工匠、乡村文化能人等是最紧缺的，也是最紧俏的，应研究出台有针对性的财政补贴、税费减免、用地保障、融资补贴、教育激励、生活服务等系统性支持政策，培育和吸引一批年轻人投身到乡村振兴中来。

（四）不断完善乡村治理机制

主动适应北京市农村地区人口"过密化"与"空心化"并存的实际情况，因地制宜地创新和构建与人口特点相适应的乡村治理机制。对人口过密的城乡接合部、新城周边村庄、"人口倒挂"村等，要加强村两委的配置，适当增加村两委的职数；对已经完成城市化、基本城市化的村庄，加快推进其向街道社区管理模式转变；对人口"空心化"严重、农业户籍人口不足50人的偏小偏弱的村庄，在引导其向中心村或乡镇所在地迁移的进程中，鼓励其采取"强村＋弱村""大村＋小村""小村联并"等模式建立联合党支部，对农村事务进行共建、共管，降低管理成本。加强农村文化活动，着力培育文明乡风，鼓励和支持传统民俗、非遗文化等走出农村、走进城市社区，参与全市性的重大文化体育活动，把农耕文化融入城市现代文明之中。大力提升乡村吸引力，增强乡村自信心。

第九章

商务高质量发展研究

进入新时代，我国经济转向高质量发展阶段。北京商务工作要紧扣主要矛盾的变化，着力解决商务发展不平衡、不充分问题，更好地满足人民日益增长的美好生活需要，努力建设首都特色、国际一流的高品质商业服务体系和高质量经贸促进体系，为实现首都城市战略定位、建成更高水平的国际一流和谐宜居之都提供基础保障和战略支撑。

第一节　推动商务发展的做法

近年来，全市商务系统坚持稳中求进，积极认识、适应和引领经济发展新常态，稳增长、调结构、促改革、扩开放、惠民生，推动商务高质量发展。

一　促进消费，稳定增长

一是政策引导。出台节能减排促消费政策（2015~2018年）、传统商业连锁企业促消费政策（2016~2017年），实施促进连锁经营发展、鼓励网络零售健康发展（2016～2018 年）等一系列促消费政策；在全国率先实现离境退税、异地互联互通和互认互通，全市已备案退税商店突破 500 家。二是品质提升。发展"互联网＋生活性服务业"，建设"一站式"服务的"社区商业 E 中心"200 余家；鼓励发展连锁便利店业态，搭载多种便民服务功能；鼓励发展新零售业态，全市涌现出盒马鲜生、7fresh、缤果盒子、每日优鲜等多种零售新模式。三是完善机制。2017 年 4 月，在全国率先开展总消费统计和促进工作。搭建商旅结合、商文结合、商体结合工作平台，部门协同开展促消费活动；将全市促消费工作和任务分解至各区，形成部门联动、市区联动的促消费工作合力。四是开展活动。每年开展全市性系列促消费活动，2018 年开展 11 大项 30 小项促消费活动，创新融合商品消费与服务消费，打造促消费活动品牌。

消费成为经济增长的"压舱石"、保障民生的"稳定器"和居民生活水平的"风向标"。2017 年全市实现市场总消费额 2.38 万亿元，同比增长 8.5%，对经济增长贡献超六成。服务消费占市场总消费的比重过半，达 51.3%，对总消费增长的贡献率近七成，北京市在全国率先步入服务消费主导时代。

二 发展贸易，优化结构

健全完善货物贸易综合调度机制、部门联动机制、督查考核机制和运行监测机制；先后出台调整外贸结构、转变外贸发展方式、支持外贸稳定增长等政策措施，设立外经贸发展引导基金和外经贸担保服务平台；促进外贸综合服务、O2O（线上线下电子商务）直购体验店等外贸模式创新；推进北京电子口岸升级改造，开展国际贸易"单一窗口"建设；加快外贸转型升级基地建设，形成 2 个国家级和 14 个市级外贸转型升级示范基地；支持"双自主"企业出口，2017 年自主知识产权、自主品牌的"双自主"企业出口占比达到 20.8%。

大力促进服务贸易发展，实施服务贸易竞争力提升工程。推出支持会计服务贸易发展资金政策，推动国家服务贸易发展、引导基金在北京设立子基金；经过争取，北京获得国务院批准，从 2018 年 7 月 1 日起至 2020 年 6 月 30 日开展深化服务贸易创新发展试点；2017 年北京市服务贸易占全国服务进出口总额的 20.6%，占全市对外贸易总额（货物进出口额和服务进出口额之和）的 30.7%，在全球服务贸易中占比超过 1%；成功举办五届京交会，吸引了 3 大国际组织、近 200 个国际组织及商协会参会参展，179 个国家和地区的到会客商 64.6 万人次，京交会已发展成全球服务贸易规模最大的交易会。

三　改革创新，动能转换

推动通关一体化改革。聚焦京津冀协同发展，在全国率先启动京津冀区域通关一体化改革，实现了区域内所有通关作业现场通过网络互联互通，三地企业可自由选择申报、纳税、放行地点，跨关区通关时间节省 30%，为全国改革积累了经验。

培育电子商务创新发展。制定《北京市进一步推进跨境电子商务发展的实施意见》，全市先后培育了 2 批共 11 家跨境电子商务产业园，跨境电商体验店突破 40 家；2018 年北京获批成为新一批国家跨境电商综合试验区；开展电子发票试点工作，内地首张电子发票于 2013 年在本市诞生，截至 2018 年 6 月，全市近 5000 家企业累计开具 14 亿张，占全国总量的 50% 以上；2017 年网上零售额占零售总额比重提高到 20.5%。

创新"放管服"改革举措。推进公共服务事项便民化，截至 2018 年 7 月，53 个政务服务事项、121 个子项实现"只跑一次""网上可办""全程网上办"的占比达 51%；精简审批层级，压缩审批时限，自动进口许可证审批时限由原来的 8～10 个工作日压缩至 1 个工作日；"对外贸易经营者备案登记"纳入"多证合一"工作，审批时限由 5 个工作日压缩为即时办理。

四 扩大开放，优化环境

推进服务业扩大开放试点。2015 年 5 月，北京成为全国首个服务业扩大开放综合试点城市。经过三年改革探索，首轮 141 项试点任务和新一轮 85 项深化试点任务已基本完成，形成了 68 项全国首创或效果最优开放创新举措。其中外资企业设立备案登记"单一窗口、单一表格""直通车"国际引才引智模式、工商登记全程电子化等具有示范意义的举措在全国复制推广，打造出服务业开放发展的"北京品牌"，探索出一条与自贸试验区相互补充的开放改革路径，有效发挥了制度创新试验田的作用。

优化跨境贸易营商环境。对标世界银行的跨境贸易评价指标，京津联动，创新推出 2 批 33 条跨境贸易便利化政策措施。经第三方评估，与 2017 年世界银行评估数据相比，在 4 项费用指标中有 3 项降低 1/3 以上，在 4 项耗时指标中有 3 项压缩 2/3 以上。

优化开放型经济营商环境。外资企业设立网上"一窗受理"改革，全国首创并经国务院在全国推广，减少重复填报事项达 45%；在全国率先开展对各区营商环境的考核评价，并将 2017 年评价结果向社会公布。

五 提升品质，惠民便民

提高生活性服务业品质。聚焦和谐宜居之都建设，出台提高生活性服务业品质行动计划，加快推进生活性服务业规范化、连锁化、便利化、品牌化、特色化、智能化发展。2015 年实施行动计划以来，共新建或规范提升基本便民商业网点 3685 个，全市基本便民商业网点的社区覆盖率达 87.4%，网点连锁化率达 34.9%。

健全完善民生商务体系。建立"市抓批发，区抓零售"的农产品流通工作体制，坚持农产品流通体系的公益性原则，采取政府股权投资方式对新发地批发市场注资，北京鲜活农产品流通中心已开工建设；创新推出直营直供、车载车售等蔬菜零售新模式，在便民惠农的同时，有效降低了终端零售价格；着力打造"一刻钟社区服务圈"，基本实现8项基本便民服务在城市社区全覆盖；组织实施早餐惠民工程，开展肉菜追溯、流通体系建设试点，2017年底全市肉菜追溯节点、流通节点分别达到1778个和2383个。

打造市场供应保障调控体系。完善生活必需品市场监测机制、产供销联动的日常供应机制、政府储备机制和应急响应机制，市场保供能力不断提高，在近年来的应急事件处置中，取得了较好的实际效果；服务首都功能，圆满完成重大活动的各项供应保障工作。

第二节　商务发展存在的问题

北京商务发展取得了令人瞩目的成绩，但我们还要清醒看到，商务发展还存在一些不平衡、不充分的问题。

一是在对外开放领域，扩大开放的深度和广度还不够，还不能完全满足北京高精尖产业和服务业对外开放的需要。服务业扩大开放试点"总体方案""深化方案"中均没有信息服务业的开放举措；实际利用外资规模与上海相比还有差距。

二是在流通消费领域，供需矛盾比较突出，高品质商品和服务供给难以满足消费升级的需求，便民商业设施在区域和城乡分布不均衡，现代化农村流通体系仍需进一步建立健全。与上海相比，北京连锁企业门店规模还有差距；全市各类基本便民商业网点城六区占64%，郊区占36%，并且主要集中在城市社区，农村地区网点建设相对滞后。

三是在便民领域，基本便民商业网点不足，生活性服务业品质有待进一步提高，便利化程度还需大力提升。基本便民服务企业产业集中度偏低，行业的规模化和组织化程度也偏低；与国内外先进城市相比，北京每百万人拥有便利店的数量差距明显。

四是引领、服务高精尖产业的力度还需加大。商务服务业发展的宏观统筹机制缺失，空间分布不均衡，本土企业竞争力、国际化水平、服务创新能力亟待提升；总部企业结构不平衡，中央企业比重偏高，创新型总部企业发展不充分。

五是优化商务领域营商环境的措施和力度需进一步加强。跨境贸易便利化水平仍需提高，通关时间还需压缩；营商环境评价体系还需完善；商业、服务业的服务质量还需提升。

第三节　商务高质量发展的对策思路

北京商务要实现减量集约高质量发展，要靠创新与开放"双轮驱动"，依靠体制机制的改革创新激发市场活力，依靠更大力度、更高水平的开放促改革，以全面深化改革促高质量发展。要在保持北京商务运行平稳的前提下，更加关注结构的优化、效益的提升、动力的升级和民生的改善。结构优化是要解决由大到强的问题，效益提升是要解决由粗放到集约的问题，动力升级是要解决发展是否持续的问题，民生改善是要解决品质提升的问题。

在工作中要以问题为导向，针对商务发展存在的不平衡、不充分的问题，在以下五个方面聚焦发力。

一　以更大的开放力度推动高质量发展

党的十九大提出"推动形成全面开放新格局"[1]，习近平主席在

---

[1] 习近平：《决胜全面建成小康社会　夺取新时代中国特色社会主义伟大胜利——在中国共产党第十九次全国代表大会上的报告》，人民出版社，2017，第34页。

博鳌亚洲论坛 2018 年年会上强调："未来中国经济实现高质量发展也必须在更加开放的条件下进行。"[①] 当前国际上逆全球化趋势抬头，我们要对标党的十九大和习近平总书记系列讲话的要求，更加深入研究国际开放的趋势，因势利导、乘势而上，推动开放型经济高质量发展。

（一）扩大服务业对外开放，推动服务业供给侧结构性改革

紧紧围绕落实首都城市战略定位，进一步扩大服务业对外开放，推动服务业供给侧结构性改革。立足文化中心建设，推进文化娱乐业对外开放，发展文化贸易，促进文化创意和设计服务产业发展；着眼于国际交往中心建设，促进商务服务业的国际化发展，优化为国际交往服务的软硬件环境；助力科技创新中心建设，推进科技、信息、科技金融、人力资源服务等创新要素和研发、设计等高端环节开放，着力提升对全球创新资源的开放和聚集能力。

（二）优化贸易结构，建设贸易强市

建设贸易强市是新时代北京商务工作的新目标，要优化贸易结构，促进货物贸易和服务贸易协调发展。在货物贸易方面，要进一步优化出口结构，支持拥有自主品牌和自主知识产权的"双自主"企业开拓国际市场，提高出口份额。同时积极主动扩大进口，贯彻落实国办《关于扩大进口促进对外贸易平衡发展的意见》，精心做好中国国际进口博览会北京市交易团组织工作；积极引进先进技术设备，为本市构建高精尖经济结构、供给侧结构性改革提供支撑；引导扩大消费品进口，促进北京市市场商品结构调整和品质提升，更好满足群众多样化消费需求和对更高品质生活的追求，助力建设国际一流的消费中心城市。在服务贸易方面，支持服务贸易重点领域和新兴模式发展，

[①]　习近平：《开放共创繁荣　创新引领未来：在博鳌亚洲论坛 2018 年年会开幕式上的主旨演讲》，人民出版社，2018，第 11 页。

进一步扩大本市新兴服务出口和重点服务进口，重点支持北京市服务业扩大开放综合试点六大领域以及北京加快培育的金融、科技、信息、文化创意和商务服务等现代服务业领域的相关服务贸易业务；充分利用京交会的平台，推进北京科技、医疗、教育、商务服务等优势领域的新兴服务贸易发展；健全服务贸易发展新体制，推进服务贸易创新发展试点工作，持续推动服务贸易结构优化，打造开放发展新亮点。

（三）提高双向投资质量，服务高精尖经济结构

在"引进来"方面，推动外资领域的高质量发展，落实北京市《关于扩大对外开放提高利用外资水平的意见》，以更高标准推动全面开放。一是在行业业态类型上，紧紧围绕北京市高精尖产业，鼓励外商投资北京市重点发展的新一代信息技术、集成电路等十大高精尖产业，鼓励外商投资企业在京开展研发创新，鼓励跨国公司研发设计、财务结算、资金集中运营等与首都城市战略定位相匹配的功能板块在京运营。二是在空间布局上，聚焦"三城一区"、北京城市副中心和临空经济区，提升重点区域利用外资水平，加快聚集创新要素，助力科技创新中心建设。在"走出去"方面，按照党的十九大的要求，积极参与"一带一路"建设，加强与"一带一路"沿线国家和地区的交流合作；创新对外经济合作方式，积极推动商务服务、传统文化、高精尖等北京优势产业"走出去"，拓展"北京智造""北京服务""北京品牌"国际市场空间；创新"走出去"工作机制，建立面向全球的贸易、投融资、生产、服务网络体系，服务高精尖企业开拓国际市场，助力高精尖企业提质增效升级。

二 以流通领域转型升级促进高质量发展

在内贸流通领域，要围绕"首都特色、国际一流、高品质服务"

的要求，打造国际消费枢纽城市，为实现首都城市战略定位、建成更高水平的国际一流的和谐宜居之都提供基础保障和战略支撑。

（一）优化消费结构

一是引领消费新格局。北京在全国率先形成"商品+服务"的消费新格局，促进总消费整体增长成为新时代促消费工作的目标。在北京减量发展的大环境下，要建立市级有关部门横向联合与市区两级部门纵向协同的纵横联动"双保险"促消费工作机制，规划引领、提升品质、补齐短板、完善机制、优化环境，多措并举，在"减"中实现"增"，引领消费新格局。

二是培育时尚、品牌、特色消费新增长点。促进时尚消费。要融合时尚类的商品及服务消费，通过线上线下创新，改善消费者体验，鼓励绿色节能商品消费，激发引领消费领域的新动能；促进品牌消费要通过生活性服务业品牌、分行业TOP（领先）品牌、老字号的品牌推介、服务推广，让消费者更加认可品牌价值，认同品牌消费；促进特色消费要利用节日、时令、重大活动等不同时间节点，面向妇女儿童、老年人等不同消费群体精准发力，推出特色商品和特色服务，促进特色消费。

三是持续推进电子商务。电子商务不但是当前社零额增长的主要支撑，同时依托互联网等新技术促进了商业模式创新，形成"互联网+商务""互联网+零售""互联网+服务"等新模式，"互联网+"成为提升发展质量、创新商业模式、优化消费结构的重要动力。要坚持技术创新和商业模式创新，促进实体零售创新转型，促进电子商务、实体企业与电商平台融合发展。

（二）优化空间布局

一是强化规划引领，落实北京城市总体规划，做好商务领域专项规划，编制商业服务业设施空间布局规划、物流业提升计划，研究制定街区商业生态配置标准。二是统筹城乡发展，研究出台"提升乡村流通现代化水平三年行动计划"，加强便民商业设施建设，提升乡村商业基础设施水平，完善乡村流通体系。

（三）创新供给模式

一是提升连锁化率。发展连锁经营，对于做大做强流通产业规模、调整优化流通产业结构、巩固提升流通经济整体效益、推动流通现代化具有重要意义。大力推动连锁经营方式稳健发展，2018年规模以上连锁企业要增至260家以上，新增连锁便利店400家，全市基本便民商业服务网点连锁化率提高2.5个百分点左右。二是鼓励业态融合。鼓励各类业态融合发展，继续支持连锁便利店搭载早餐、蔬菜零售、代收代缴等服务，瞄准居民需求，完善"一站式"便民服务功能。

三 以改善民生推进商务高质量发展

（一）补齐生活性服务业品质的短板

按照《关于进一步提升生活性服务业品质的工作方案》，着力推进生活性服务业规范化、连锁化、便利化、品牌化、特色化、智能化"六化"发展。合理规划布局，各区编制生活性服务业设施规划，分业态、分社区研究制定补建提升措施，把规划细化落实到每个街道（乡镇）、社区。创新便民商业服务模式，鼓励运用现代科技手段推动生活性服务业发展，支持发展无人便利店等零售新模式；支持品牌连锁早餐企业探索采取"中央厨房＋统一配送＋现场制售"等方式，在社区开展早餐经营；引导和支持品牌连锁企业在社区打造便民商业服务综合体和社区商业"E中心"；制作生活性服务业网点电子地图，利用新技术手段为市民提供多渠道便利服务。

（二）进一步优化消费环境

针对人民群众关心的问题精准施策。要提高服务质量，强化生活性服务业企业、老字号企业服务人员素质，提升服务技能，提高店面环境卫生水平；要完善肉菜追溯体系，加强肉菜追溯体系与老字号、电商等融合发展，推广使用移动终端查询系统，实现多方式追溯查询，让百姓吃得更放心；要推进商务诚信建设，不断加强促销、预付卡备案等管理力度，营造良好的商务诚信环境；要始终保持打击侵权假冒高压态势，加大互联网等重点领域侵权假冒的治理力度，增强消费信心，维护消费者利益，营造良好的消费环境。

（三）做好商务扶贫协作

要以首善标准完成好中央部署的扶贫协作任务，重点做好对口西藏、新疆、青海、河北及内蒙古等区域商务领域扶贫协作。以农产品产销对接、电商扶贫、家政扶贫为抓手，拓宽贫困地区农产品销售渠道，带动贫困人口就业；同时，深化产业对接，助推特色农产品销售，积极引进贫困地区的特色商品和服务，满足首都消费市场需求，满足做好"四个服务"的需要，提高援受双方的民生获得感。

四　以高精尖产业引领高质量发展

（一）商务服务业要聚焦高精尖、服务高精尖

商务服务业是商务领域的高精尖产业，不但要努力提高自身的效益和贡献，推动商务服务业高端化、国际化、品牌化、集群化发展，做高质量发展的领跑者，同时还要立足"四个中心"的城市战略定位，构建新兴业态融合发展的高端商务服务体系，提升以服务能力和质量效益为核心的高端商务服务功能，发挥好对北京市"高精尖"产业的促进作用，服务好北京市"高精尖"产业发展，为构建"高精尖"经济结构、推动实体经济发展、建设国际一流的和谐宜居之都提供重要支撑。

（二）培育壮大与首都城市战略定位相匹配的总部经济

总部经济已经成为北京高质量现代经济体系的战略支撑、"高精

尖"产业的重要组成部分、"北京服务"品牌的主要载体和标志。在疏解非首都功能、减量发展的大背景下，要更加注重总部经济高质量发展的导向，遵循北京城市总体规划要求，按照市委、市政府决策部署，优中选优、精中选精，培育壮大与首都城市战略定位相匹配的总部经济，支持引导创新型总部企业发展。

五 以营商环境的优化助力高质量发展

以《北京市进一步优化营商环境行动计划（2018年—2020年）》为统领，从三个方面入手，制订实施市商务委优化营商环境行动计划。

（一）营造便利化的贸易环境

对标世界银行标准，落实京津跨境贸易便利化33条具体措施，以此为契机深入协作提升天津海港便利化水平，全面提升北京空港口岸和天竺综保区等口岸便利化水平。全面推广国际贸易"单一窗口"，提高国际贸易争端应对能力。2018年底实现压缩整体通关时间1/3的目标。

（二）营造开放的投资环境

以服务业扩大开放为抓手，统筹投资环境的优化改善，健全外商投资重大项目清单制度，做好"高精尖"项目的跟踪服务。进一步完善各区营商环境评价体系，强化评价结果的应用，发挥评价倒逼作用，推动全市营商环境持续优化。

（三）营造一流的商业环境

支持内贸流通领域的创新，对智能零售、无人购物、无人配送车等新模式、新业态，提供宽容审慎的政策环境；加强部门协调与协同配合，对商业领域的新兴事物，优化政府管理和服务，让企业有实实在在的获得感。

　　推动高质量发展是当前和今后一个时期商务领域确定发展思路、制定经济政策的根本要求。每一项任务、计划都要始终贯彻高质量发展的有关要求。全市商务系统将以扎实的工作推动北京商务高质量发展，努力开创新时代北京商务发展新局面。

第十章

旅游业高质量发展研究

北京市委、市政府在筹划部署今后五年工作时强调，全面贯彻党的十九大精神，推动习近平新时代中国特色社会主义思想在京华大地落地生根，进一步形成生动实践，必须推动高质量发展，牢固树立新发展理念，强化创新驱动，加快构建高精尖经济结构，着力破解"大城市病"，把高质量要求体现在城市发展的各个方面。北京旅游业作为加强"四个中心"功能建设、拉动北京经济发展、提升人民幸福指数的综合性产业，推动从中高速增长转向高质量发展，是应有之义、必然之举、重要之责。

第一节　当前的主要做法

2017 年以来，北京市旅游系统认真贯彻落实市委、市政府的决策部署，牢固树立新发展理念，牢牢把握北京城市战略定位，紧紧围绕全市工作大局狠抓旅游各项工作落实，全市旅游业转型升级迈出新步伐、取得新成效。

一　坚持服从和服务北京工作大局，旅游产业综合效益更加凸显

旅游业在服务北京经济社会发展和"四个服务"建设中始终发挥着独特作用。2017年实现旅游收入为5469亿元，同比增长8.9%，接待人数为2.97亿人次，同比增长4.3%，连续5年旅游收入增速超过旅游人数增速。旅游餐饮和购物总额为2857.4亿元，同比增长7.4%，占全市社会消费品零售额的比重为24.7%。全力以赴完成了全国"两会""一带一路"国际合作高峰论坛、党的十九大等重大活动服务保障任务，持续举办北京国际旅游博览会、北京国际旅游节、新年倒计时等特色品牌活动，探索总结并制定了《大型活动接待服务规范第1部分：通则》，为全国乃至全球贡献了北京智慧和北京方案。"北京服务"模式已走出京城，闪耀G20杭州峰会、厦门金砖会晤、青岛上合峰会等重大活动，并且正在走向全球。

二　深入推进旅游供给侧结构性改革，旅游产业体系日益完善

北京市推动出台促进旅游业改革发展的实施意见、旅游业扩大开放综合试点方案、加快供给侧结构性改革扩大旅游消费行动计划等一系列政策措施，为深化旅游供给侧结构性改革立柱架梁、夯基垒台。北京旅游行业规模不断壮大，现有等级旅游景区236家、星级饭店504家、旅行社2637家、导游员31355人，位居全国各大城市之首。旅游产品结构持续优化，中医养生、体育赛事、文化演出、精品文博、会议会展等定制旅游产品蓬勃发展，北京接待国际会议数量位居全国第一、亚洲前列；休闲农庄、采摘篱园、汽车营地等旅游新业态加快发展，"五十百千万亿"京郊旅游休闲体系取得积极进展，初步形成了观光旅游与休闲度假旅游并重发展、旅游传统业态与新业态齐头并进的新格局。

三 积极探索旅游要素改革，旅游发展动力和市场活力竞相释放

紧抓社会主义市场经济改革历史机遇，积极推进旅游要素市场化改革。重点搭建了北京旅游产业引导基金、北京旅游资源交易平台、京郊旅游融资担保服务体系和乡村旅游政策性保险体系等全国领先的四个金融支持平台。截至 2018 年 6 月，北京旅游产业引导基金带动社会投资约 150 亿元，北京旅游资源交易平台发布 520 余个项目、涉及金额 1800 多亿元，京郊旅游融资担保服务体系累计办理旅游担保项目 796 个、涉及金额 16.99 亿元，乡村旅游政策性保险体系累计承保民俗旅游户 4454 户、承担风险保障金 30.11 亿元，激发了旅游市场活力。率先获得并实施了 72 小时过境免签、境外旅客购物离境退税、京津冀 144 小时过境免签等政策，极大地提振了入境旅游市场。目前，北京市有备案退税定点商店 524 家，累计离境退税商品销售额超过 3.9 亿元。

四 着力加强现代治理能力建设，旅游服务品质和营造环境得到优化

坚持用政府权力的"减法"换取市场活力的"加法"，深化"放管服"改革，3A 级及以下景区评定、三星级饭店及以下星级饭店评定、旅行社分支机构备案等事项下放到属地旅游部门；大力简化行政审批手续，以旅行社网上审批系统正式运行为标志，北京市所有旅游行政许可事项实现"一网通办"。加大依法治旅、依法兴旅，修订并颁布施行《北京市旅游条例》，创新推出行业等级评定与复核、电子行程单、旅游投诉统一受理平台等创新举措。加强综合执法，打出法律、行政、执法、技术"组合拳"，非法"一日游"等旅游乱象得到有效遏制。2017 年，受理各类有效旅游投诉同比下降 8%，非法"一日游"投诉同比下降 44%，旅游市场环境明显改善。

五　加快实施对外开放交流，旅游国际影响力和话语权持续提升

以战略眼光推进旅游业对外开放交流，主动融入国家"一带一路"建设、主题旅游年和友好城市交往活动，开展"魅力北京"海外推介，创造了在美国好莱坞环球影城首次举办北京旅游庙会、在纽约联合国大厦首次举办北京旅游图片展、将北京旅游元素首次植入美国职业篮球联赛等多项活动。实施"北京旅游全球战略合作伙伴计划"，加强与国际会议和大会协会、国际奖励旅游协会、亚太旅游协会等国际旅游组织合作。运用 Facebook（脸书）、Twitter（推特）、Instagram（照片分享）、YouTube（优兔）四大主流海外新媒体加强推介。依托海外中国文化中心、孔子学院、海外中餐馆等开展入境游精准营销。充分发挥世界旅游城市联合会的平台作用，每年举办世界旅游城市联合会香山旅游峰会，发布年度《世界旅游经济发展趋势报告》，世界旅游城市联合会会员已由成立之初的 58 个发展到 199 个，覆盖 65 个国家和地区，已成长为具有影响力的国际旅游组织。

六　不断深化区域旅游务实合作，京津冀旅游一体化进展成效明显

紧抓京津冀协同发展战略机遇，深入落实《行走京津冀协同发展规划纲要》，构建京津冀大旅游格局。依托北京旅游资源交易平台，搭建京津冀旅游资源交易平台。截至 2017 年，该平台成交项目为 28 宗、成交金额为 6.01 亿元。编制《京津冀最新旅游路书》，打造京津冀旅游"新玩法"，推出 56 条京津冀旅游线路。以共建"轨道上的京津冀"为契机，优化完善三地旅游交通，开通班线化旅游直通车 40 多条和多趟旅游专列，京津冀 1 亿多人口迈进"1 小时旅游圈"。加快推进京东休闲旅游示范区、京北生态（冰雪）旅游圈、京西南生态旅游带、京南休闲购物旅游区和滨海休闲旅游带建设。坚持旅游为

民、旅游惠民，面向京津冀市场投放京津冀自驾车旅游护照 10 万册、京津冀旅游一卡通 70 万张和京津冀旅游通卡 10 万张。

第二节　存在的问题

当前，北京旅游业与承担的职责使命相比，与新一版北京城市总体规划提出的目标要求相比，与人民对美好旅游生活的向往相比，还存在一些问题，集中体现为"五个不适应"。

一是旅游空间布局与城市功能疏解提升不适应。全市旅游空间发展严重不均衡，中心城区特别是核心城区旅游资源高度集聚，旅游密度过大。东城区、西城区、海淀区和朝阳区的游客接待数量占全市的69%，接待前 20 位的景区除八达岭、慕田峪外，其余均分布在东城区、西城区与海淀区。每逢旅游旺季，热点景区、地区的游客接待与交通集散、设施供给、环境保护、市民生活之间的矛盾进一步加剧。优化和调整旅游空间布局，对于适应疏解整治和人口调控形势，提升城市品质、改善人居和旅游环境至关重要。

二是旅游内涵发展与文化中心功能定位不适应。旅游与文化深度融合不够，北京丰富的历史文化资源没有得到充分发掘、传承和利用，"一城三带"缺乏整体规划，新型旅游文化业态、特色旅游文化精品、旅游文化创意园区较少。美丽乡村、传统村落和旅游小镇的京郊旅游开发利用处在浅层次、低水平，同质化现象严重，精品化程度不高，优质化服务滞后，缺乏历史记忆、传统文化和乡土故事。

三是旅游产品供给与市场需求不适应。总体上还是以大众观光旅游产品为主，故宫、长城、天坛、颐和园、十三陵等传统知名景区仍是核心资源。全市现有民俗旅游接待户 1.6 万户，评定等级的民俗户约占 25%，整体服务品质偏低，精品酒店、精品民宿等高端供给不足，土地、资金等政策支持不够，社会资本投资难，制约了整体发展。统计显示，来京游客和市民的休闲度假需求逐年提升，已由 2013 年的 6.4% 增至 2017 年的 12.51%。显然，以观光旅游为主导的产品体系已跟不上游客和市民多样化、品质化的消费需求。

四是旅游消费水平与稳增长促消费作用不适应。2017 年国内来京旅游人均花费 2607 元、入境旅游人均花费 1304 美元、市民在京旅游人均消费 393 元，旅游消费对全市消费水平的贡献率还比较低，与国际知名旅游城市相比也存在差距。从来京游客的消费结构看，购物占 31%，餐饮占 22%，住宿占 19%，交通占 19%，游览占 7%，文化娱乐占 1%，其中吃、住、行、门票等刚性消费占比高达 67%，文化娱乐消费占比太低，挖掘潜力很大。

五是旅游市场秩序与首善之区要求不适应。旅游市场秩序不够规范，人民群众关注的不合理低价揽客，变相增加购物场所，诱骗或者变相强迫旅游者购物，收取出境游押金等诚信缺失问题和违规违法行为仍时有发生，非法"一日游"顽疾还未得到根治，北京旅游的美誉度、满意度与首善之区要求还有差距，亟待构建现代治理体系和旅游诚信体系，亟须提升旅游行业现代治理能力。

第三节　高质量发展的对策和思路

推进旅游业高质量发展，必须深入学习贯彻党的十九大精神，以习近平新时代中国特色社会主义思想为指引，坚持新发展理念，紧扣我国社会主要矛盾变化，按照高质量发展的要求，以供给侧结构性改革为主线，推动北京旅游业发展实现质量变革、效率变革、动力变革，全面增强其独特吸引力、核心竞争力和国际影响力。

一　优化空间布局，实现旅游资源跨区域统筹

落实北京城市战略定位，是推动旅游业高质量发展的必然要求。

要突出规划引领，优化空间布局，加强科学统筹，切实做到使旅游资源配置同城市战略定位相协调，旅游发展布局同城市战略定位相一致。

（一）编制实施落实城市总体规划旅游专项规划

全面落实城市总体规划，突出把握北京发展、减量集约、创新驱动、多规合一的要求，围绕建设国际一流旅游城市目标，根据市域内不同地区功能定位和资源环境条件，编制实施《落实北京城市规划旅游专项规划（2017年—2035年）》，引领全市旅游业发展。同时，积极与各分区规划加强对接、有机衔接，确保各项旅游重点任务落地。高质量完成大运河文化带旅游资源普查暨旅游发展规划及实施方案、长城文化带旅游产业发展规划及实施方案、西山永定河文化带旅游产业发展规划及实施方案、老城整体保护背景下旅游产业发展规划等重点规划方案，强化多点支撑作用，促进旅游专项规划有效落实。

（二）以"一城三带"为重点打造国际旅游区

紧紧抓住疏解非首都功能这个"牛鼻子"，以重点文物、文化设施、重要历史场所为带动点，以历史文化街区等成片资源为依托，打造老城文化景观网络系统，提升旅游服务品质，把老城建设成为保有古都风貌、弘扬传统文化、具有一流文明风尚的世界级文化旅游典范区。推动大运河北京段的古典园林、古典建筑、水利工程遗产等资源的统筹保护利用，推进八达岭、慕田峪、居庸关、古北口等重点长城段文化旅游资源统筹、维护修缮，推进三山五园地区、八大处地区、永定河沿岸、大房山地区等历史文化资源密集地区的遗址保护、生态修复、景观提升，切实将"三带"打造成为世界著名的黄金旅游带。

（三）高水平建设北京城市副中心文化旅游区

北京城市副中心作为北京新两翼中的一翼，要突出国际一流的和谐宜居之都示范区的功能定位和水城共融、蓝绿交织、文化传承的城市特色，加快推进北京环球主题公园及度假区建设，重点发展文化创意、旅游服务、会展等产业。深入挖掘、保护和传承以大运河为重点的历史文化资源，对路县古城、通州古城、张家湾古镇进行整体保护和利用，改造恢复玉带河河道及古码头等历史遗迹。加快宋庄文化创意产业集聚区旅游公共服务设施改造提升。同时，抓住建设雄安新区这一千载难逢的重大机遇，实现"两翼"联动，全面增强北京城市副中心文化旅游区的承载力和吸引力。

（四）规划建设好国际会议会展区

随着中国前所未有地走近世界舞台中心，北京作为国际交往中心的地位不断强化，在京举办的国际会议会展的影响力将不断提升。要立足国际交往中心战略定位，坚持服务国家开放大局，规划建设好国际会议会展区。着力打造国家会议中心、雁栖湖国际会都、北京首都国际机场临空经济区、北京大兴国际机场临空经济区、中国国际展览中心等国际会议会展产业集群。在北京城市副中心、北京商务中心区、奥林匹克中心区、新首钢高端产业服务区，打造以商务、文化、科技类会展为主的特色化、高端化、小型化的会议会展产业园区。以冬奥会和冬残奥会、世界园艺博览会、世界休闲大会为契机，依托京郊特色资源和发展基础，发展与绿色生态发展相适应的会议会展产业。

（五）建设高品质的特色历史文化旅游休闲区

抓住实施乡村振兴战略和美丽乡村建设的良机，大力践行"绿水青山就是金山银山"理念，把握"大城市小农业""大京郊小城区"的市情，顺应广大农民过上美好生活的新期待和广大市民到北京后花园休闲旅游的新需求，立足功能定位和绿色发展，坚持首善标准和发展基础，突出生态宜居和资源特色，大力推进农村人居环境整治和旅游服务品质提升，重点抓好"清脏、治乱、增绿、控污",建设与国际一流的和谐宜居之都相匹配的美丽乡村,打造与国际一流旅游城市相协调的乡村旅游北京样板。着力把门头沟、平谷、怀柔、密云、昌平建设成特色历史文化旅游休闲区,把延庆、房山建设成为国际旅游休闲名区。门头沟、昌平、平谷、怀柔、延庆要以国家全域旅游示范区创建为抓手,树立并推行全域旅游的体制观、资源观、产品观、业态观、发展观,打造集中连片的美丽乡村旅游风景线。

二 深化供给侧结构性改革,提高旅游供给体系质量

深化供给侧结构性改革是推动旅游业高质量发展的重中之重。推动旅游业发展方式从外延式增长向内涵式发展转变,从依靠传统核心资源支撑、旅游规模增长向产业深度融合、创新驱动发展转变,提高旅游供给体系质量,推动形成一批高品质的旅游品牌。

(一)挖掘和彰显旅游文化

文化是城市发展的灵魂,也是北京旅游的独有魅力。北京历史文化底蕴深厚,文化资源丰富,有基础、有条件、有责任弘扬中华民族文化、增强国家文化软实力。推动北京演艺业与旅游业融合发展,打造具有首都文化、京味文化、红色文化特色的精品旅游演出剧目。充分利用世界文化遗产和一批非物质文化遗产,以及举办 2008 年北京奥运会、2014 年亚太经济合作组织领导人非正式会议、2017 年 "一带一路" 国际合作高峰论坛、2018 年中非合作论坛北京峰会、2019 年中国北京世界园艺博览会、2022 北京冬奥会等已留下或即将留下的遗产,打造精品文化旅游线路。组织开展多种形式的文体旅游活动,集中力量塑造北京旅游整体形象,推动中华民族优秀文化走向世界。

(二)整合和利用旅游资源

按照宜居、宜业、宜游、宜闲的标准,推动旅游业与相关产业融

合发展，突出发展商务休闲、会议会展、精品文博、体育赛事、中医养生、健康养老等高端旅游产品。大力发展以会议、展览、国际商贸及文化交流活动为主的高端商务游，提升北京国际旅游博览会、北京国际商务及会奖旅游展览会、北京国际旅游商品及旅游装备博览会等旅游会展的国际影响力。利用中国网球公开赛、北京马拉松赛等大型赛事活动开发体育旅游产品。立足北京中医药资源优势，推动旅游业与中医药健康服务业深度融合，鼓励有条件的单位建设国家级健康医疗旅游示范基地和示范项目。健全北京旅游产业发展联席会协调机制，鼓励名人故居等文物类资源、工矿企业和产业园区资源、大专院校科研机构等科教类资源，以及其他社会资源向公众开放。探索整合现有的自然保护区、风景名胜区、森林公园等各类自然保护地，构建环北京国家公园体系。

（三）创新和丰富旅游供给

紧紧把握大众旅游时代新趋势、新需求，扩大有效供给，不断增强北京旅游特色魅力。抓住举办 2022 年北京冬奥会的重大历史机遇，打造冰雪运动旅游休闲区，推出一批冬季群众体育项目和冰雪运动旅游产品。依托密云低空旅游示范基地、平谷通用航空产业基地，研究开发空中游览、航空体验、航空运动等航空旅游产品。依托京交会、文博会、科博会、北京国际电影节、北京国际设计周等开发新的会展旅游产品。创新"互联网＋旅游"产品，鼓励在线旅游企业研究设计北京"一日游"产品。依托世界文化遗产、国家森林公园、红色旅游景区、高校和科研院所等资源，遴选研学旅行基地，打造一批示范性研学旅行精品线路。坚持把乡村旅游作为支柱性产业来抓，打造一批乡村旅游和休闲农业精品路线，建设一批京郊精品酒店样板工程和乡村民宿精品，创建一批特色旅游休闲名村名镇，培育一批旅游新业态，推动传统农家乐提档升级。

（四）打造和培育重点板块

以服务国内外来京旅游为重点，强化传统优势创新和国际化公共服务配套，做强古都文化游、CBD—三里屯商务休闲游、环球影城度假游、冬奥休闲游、奥体文博游、长城体验游、皇家宫苑游、798艺术区创意游、卢沟桥—宛平城抗战文化游等特色旅游板板。以服务北京市民京郊休闲度假为重点，加强休闲游憩环境和精品项目推介，打造古北口—雾灵山、房山世界地质公园、京西古道、雁栖湖、通州运河、大兴庞各庄农业等系列休闲旅游精品。培育科教文化旅游、新航城会展旅游、顺义临港商务旅游、首钢文化创意旅游、国际鲜花港观光旅游等高端旅游项目，提高城市的承载能力和服务水平。

（五）做强、做精旅游商品

加快旅游商品体系建设，建立健全市、区、景区三级旅游商品体系。依托历史文化资源精心打造市级"北京礼物"系列产品，创新推动"北京礼物"专店专柜市场化、连锁化经营。制订实施京郊旅游"后备箱"行动计划，开发特色农副产品、手工艺品等旅游商品。故宫、颐和园、北海、天坛、北京动物园等重点景区结合自身特点打造文化创意商品。挖掘老字号传统文化内涵，鼓励老字号企业传承、提升产品制作技艺和服务技能，使老字号商品、服务成为中外旅游者领略古都文化的重要载体。

三 注重改革创新，增强旅游业发展新动能

改革创新是推进北京旅游业持续发展、转型升级、提质增效的鲜明特征和强劲动力。进一步推进政策创新、管理创新、体系创新，为旅游业高质量发展提供新活力、新动能。

（一）通过政策创新优化旅游营商环境

深化"放管服"改革，以"互联网＋审批"持续提升旅游行政

许可事项审批效率。加大金融支持力度，发挥旅游产业发展引导资金作用，带动和吸引社会资本投资京郊旅游产业；支持发展旅游消费信贷，鼓励金融机构开发满足旅游消费便利化需要的金融产品；完善京郊旅游担保体系和保险体系，扩大规模和覆盖面，提高其融资能力，降低经营风险。完善旅游用地政策，在严格控制农村建设用地总量、不占用永久基本农田的前提下，加大盘活农村存量建设用地力度，允许通过村庄整治、宅基地整理等节约的建设用地采取入股、联营等方式重点支持乡村旅游发展；在统一规划和符合安全性要求的前提下，结合村庄改造、山区搬迁等工作，探索允许村民将闲置房屋出租或转让给农村集体经济组织，发展特色民宿和乡村酒店；支持依法依规利用荒山、荒坡和废旧工矿用地发展旅游业。

（二）通过管理创新提升现代治理能力

抓住"疏解整治促提升"专项整治活动契机，认真做好核心区旅游秩序提升工作，统筹旅游配套服务设施建设；完善故宫等重点景区周边交通疏导方案，规范旅游大巴停放秩序；外迁现有旅游集散中心，加强旅游路线引导。强化行业标准化管理，通过星级（等级）评定与复核，加强对景区、宾馆和旅行社的管理，对不符合标准的进行降星（降级）或取消星级（等级）资质；完善"黑名单"制度，对进入"黑名单"的旅游企业，通过约谈、加大检查力度、责令停业整顿等措施进行重点监管；完善旅游公共信息和咨询平台系统，健全团队旅游信息备案机制，推行旅游合同电子化管理，实现对旅游合同的实时查询和动态监管；健全导游管理平台和服务质量评价系统；严格规范网络旅游服务；健全旅游信用体系建设，加强与全市公共信用信息服务平台联通，完善守信联合激励和失信联合惩戒机制，推动形成"一处失信、处处受限"的失信惩戒长效机制。狠抓旅游安全，督促景区、宾馆、旅行社、旅游客运企业落实安全生产、食品安全、卫生防疫主体责任；督促景区落实突发事件应急预案，完善安全预警信息发布制度，做好应急演练、应急救援准备等工作；指导重点景区科学评估设定瞬时和全天最大承载量，鼓励和引导景区实施门票预约制度。

（三）通过体系创新提升旅游服务品质

提升北京旅游品质和核心竞争力，关键在于对标国际最高标准、最好水平，着力推进四类旅游公共服务体系建设。配套旅游基础设施建设，实施"厕所革命"新三年行动计划，建立健全旅游公共服务设施建设、运营、管理体系，加快实现旅游公共服务设施的标准化和现代化。优化旅游交通体系，将旅游交通发展纳入综合交通运输体系筹规划，加快建设便捷型旅游公交体系，增加市区与八达岭长城、十三陵、慕田峪长城等重点景区之间的旅游公交线路；加强交通干线与特色旅游村镇、传统村落、旅游新业态经营户的连接，推动建成绿色、便捷、高效的旅游交通服务体系，提高旅游目的地的通达性。推进信息服务体系，发挥北京科技资源丰厚的优势，以建设智慧旅游城市为目标，充分利用信息化、物联网、"互联网＋"技术手段，推动现代信息技术在旅游领域的应用，提高旅游信息服务水平。完善旅游集散咨询体系，研究利用核心区外的疏解腾退土地建设完善旅游集散咨询体系，引导旅游者有序进入核心区游览；重点推动首都机场、北京站、北京西站等重要交通节点和王府井等重点地区旅游咨询站点精品化建设与提升。

四　坚持服务大局，推动形成旅游对外开放新格局

高水平的旅游对外开放是推动旅游业高质量发展不可或缺的动力。适应国家对外开放新形势，立足北京国际交往中心功能定位，坚持以战略眼光主动开放、共赢开放、包容开放，推动形成旅游对外开

放新格局，努力提升北京旅游的国际影响力和话语权。

（一）深化旅游领域扩大开放

抓住北京市新一轮服务业扩大开放综合试点机遇，更高水平推进旅游业扩大开放。完善 144 小时过境免签政策配套措施，开发辐射京津冀三地的过境免签旅游产品，力争 2020 年过境免签旅游者比 2017 年翻一番。鼓励中外合资旅行社经营除台湾地区以外的出境游业务。优化境外旅客购物离境退税政策配套措施，力争 2018～2020 年实现累计退税商品销售额达到 5 亿元。

（二）实施旅游全球营销战略

坚持城市形象推介与旅游产品营销并重、传统手段与新媒体并用，整体打造"北京旅游"国际品牌。主动融入国家外交战略、主题旅游年和友好城市交往活动，开展"魅力北京"海外推介，依托海外中国文化中心、孔子学院、海外中餐馆、机场等机构和场所，开展入境游精准营销，大力拓展入境旅游市场。以"特色化、品牌化、国际化、系列化"为目标，把北京国际旅游博览会、北京国际旅游节、新年倒计时等活动打造成国际知名旅游品牌，提升北京国际高端旅游目的地形象。

（三）扩大国际旅游交流合作

充分发挥世界旅游城市联合会作用，通过举办香山旅游峰会和参加著名国际旅游论坛、会展，积极适应、主导和引领世界旅游发展大势，提升"北京旅游"的国际话语权和影响力。按照共商共建共享原则，建立健全与"一带一路"沿线著名旅游城市之间的交流合作机制，以鼓励和引导本市旅游企业参与"一带一路"重点旅游项目建设为重点，推动"一带一路"旅游合作不断走深走实。实施"北京旅游全球战略合作伙伴计划"，加强与国际旅游组织的合作交流。

(四）推进京津冀旅游协同发展

推动实施京津冀旅游协同发展行动计划，强化"两翼"联动，加快旅游市场一体化建设，联合开发旅游精品线路，推广品牌产品，实施京津冀畅游工程。以共建"轨道上的京津冀"为契机，优化和完善三地旅游交通。以筹办 2022 年北京冬奥会、冬残奥会为契机，共建京张文化体育旅游带。加快推进京东休闲旅游示范区、京北生态（冰雪）旅游圈、京西南生态旅游带、京南休闲购物旅游区和滨海休闲旅游带建设。

第十一章

文化创意产业高质量发展研究

党的十九大深刻指出:"我国经济已由高速发展阶段转向高质量发展阶段。"[①] 这是进入中国特色社会主义新时代,党中央在经济发展领域做出的一个重大判断。推动文化创意产业高质量发展,是北京市践行"四个意识",贯彻落实中央精神的生动实践,是把握发展大势,加快构建北京"高精尖"经济结构的必由之路,也是立足"四个中心"城市功能定位,建设全国文化中心的题中应有之义。

第一节 推动文化创意产业高质量发展的主要做法

"十二五"时期,北京市文创产业发展迅速,产业增加值从1989.9亿元跃升至3179.3亿元,年均增长12.4%,占全市GDP比重达到13.8%,支柱性产业地位进一步巩固。2017年,全市文创企业

---

① 习近平:《决胜全面建成小康社会 夺取新时代中国特色社会主义伟大胜利——在中国共产党第十九次全国代表大会上的报告》,人民出版社,2017,第30页。

为 25.4 万家，规模以上文创企业实现收入 1.6 万亿元，同比增长 10.8%；产业增加值为 3908.8 亿元，现价增长 9.2%，超过 GDP 增速 2.5 个百分点；增加值占 GDP 比重增至 14%。2018 年 1~6 月，全市规模以上文创企业实现收入 8493.4 亿元，同比增长 16.6%，从业人员为 130.7 万人，同比增长 2.2%。中国出版集团、保利文化集团、市文投集团、完美世界等 8 家企业获评"第十届全国文化企业 30 强"，占比 27%，数量位居全国之首。

一 深化文化管理体制改革，加大文创产业统筹力度

自确立文创产业战略以来，北京市形成了以市委宣传部为统领，党委政府有机协同、市区密切衔接的工作局面。北京市成立了市文化改革和发展领导小组，统筹全市文创产业发展。市发展改革委、文化局、新闻出版广电局、科委、文资办等为成员单位。2017 年，北京市成立了推进全国文化中心建设领导小组，与市文化改革和发展领导小组综合设置，两块牌子，一套人马。其中产业发展组由市文资办和市旅游委牵头，协同 50 余个委办局，共同研制了工作方案，确立了 81 项重点任务清单。各区也建立了区委、区政府主要领导挂帅的产业促进机制。

二 推动文化金融创新，建立健全多层次文化资本市场

一是创新建设北京文化投融资服务体系。2012 年以来，市政府出资 60 亿元，成立了北京市文化投资发展集团，作为文化投融资运作平台。释放平台资本撬动效应，出资成立文创基金管理公司，吸引社会资本，组建 16 支子基金，资金总规模 160 亿元，覆盖影视、传媒、动漫、互联网等有潜力的行业。与光大资本合作，共同设立 300 亿元产业基金，重点布局优势文化企业和项目。搭建全市文化统贷平台，设立 1.5 亿元风险补偿金，完善文化融资担保链条。成立文科融

资租赁公司，开创文化无形资产融资新领域，累计提供融资额度达85亿元。成立文创融资担保公司，推出20多项担保产品，累计保额超过50亿元。成立文化小贷公司，放贷3.49亿元。成立文化创新工场，设计"管家式"全要素服务体系，车公庄核心示范区年收入达30亿元；加快品牌输出，开拓万开、经济日报社等11个合作基地，初步形成"一园多基地"格局。通过这一系列组合拳式举措，推动形成了"投融担贷孵易"彼此关联、协调促进的北京文化投融资服务体系，有效缓解了文创企业融资难、融资慢、融资贵困局。

二是创新培育北京文化生产力基地。坚持以金融为纽带聚合文化资源，创新"投贷奖"平台，推动形成"政策＋市场化平台＋金融服务＋生态圈"文化投融资新模式。深化"投贷奖"平台建设，研究制定了《北京市文创产业"投贷奖"联动运营平台绩效考评管理实施细则（试行）》，进一步规范平台交易行为，有效提升了平台效率。做好文创产业投融资项目推介服务，举办了40期投融资沙龙和路演活动，惠及超过6400家文创企业。截至2018年8月28日，"投贷奖"平台吸纳工商银行、北京银行等150余家专业金融服务机构和5800余家文创企业入驻，上线文化金融产品150余种，撮合企业成功融资达到86亿元，累计促成在建文创项目超过800个，柠檬微趣、猪八戒网等一批中小文创企业增长态势迅猛，一批颇具市场前景的文化创意正在向现实生产力转化。

三是创新建构北京文化资本大市场。坚持补短板、增效益，设计"文创板"新模式，推动完善北京文创产业领域多层次资本市场。会同北京证监局、银监局，精心研制"文创板"建设方案，着力规划文化版权、文化类非上市、非公开股权交易流转功能，力争打造全国第一家文创产业一级证券市场。筹组"文创板"股份有限公司，与"北京四板"等一批专业机构达成出资意向。加快交易系统建设，联合"中证机构间报价系统"公司，开发"文创板"信息报价系统，现已上线试运行。目前，"文创板"注册文创企业 1131 家，注册投融资机构 182 家，注册服务机构、运营商、文创园区达 121 家，初具一级证券市场形态。

四是创新完善文化投融资市场要素。筹建北京文创银行，形成思路和方案，规划政策性银行功能、商业银行规范模式、民营银行灵活机制"三位一体"建设框架，积极争取"四项单独 + 三个特殊"制度创新政策。筹建 200 亿元规模的北京市文化发展基金，相关方案已经市推进全国文化中心建设领导小组办公室会议审议通过，将为"疏解整治促提升"、加快"一核一城三带两区"建设和构建"高精尖"文创产业结构提供金融支撑。联合上交所，共同建设全国第一家服务文化企业的上市培育基地，为文创企业上市融资提供专业服务。着眼实体项目运作，与清华大学五道口金融学院签署合作备忘录，创建文化金融智库新模式，建设政产学研用一体化推进新机制。推动成立北京文化产业投融资协会，吸纳 203 家优质文化金融机构入会。

三 加大政策创新和服务力度，构建文创产业良好营商环境

一是坚持政策创新，推动精准施策。为进一步优化北京文创产业营商环境，北京市坚持问题导向，集中开展文创企业实地调研，查找企业发展的痛点、堵点，在此基础上，陆续制定出台《关于推进北京文化创意产业创新发展的意见》等政策，综合提出文化金融、文化科技、土地利用等多项创新举措，初步形成了鼓励和保障文创企业创业创新的政策支撑体系。2017 年 12 月，在全国率先发布了《关于保护利用老旧厂房拓展文化空间的指导意见》，以备案方式创造性地解决了老旧厂房转型兴办文创产业土地规划的合法性问题，为"腾笼换鸟"创造条件。截至目前，全市腾退老旧厂房达 242 个，已经转型利用的老旧厂房占地面积为 601 万平方米，正在转型改造的厂房占地面积为 138 万平方米。2018 年 6 月，发布《关于推进北京文化创意产业

创新发展的意见》，确立了"创新"主基调，明确了创新发展的两大主攻方向、九大领域环节、九项产业促进行动及三项保障措施。起草《北京市促进文化科技融合发展的若干措施》，确立十大方面 23 项重点任务。持续开展文创产业立法研究，形成《北京市文创产业促进条例（草案）》。制定《关于加快文创产业信用促进体系建设的指导意见》，建立文创企业信用评价和激励机制。

二是坚持龙头引领，持续引导重大项目投资建设。北京市注重改善投资环境，服务保障重大项目落地建设，培育文化经济新的增长极。建立健全项目跟踪服务和协调机制，加大对重点项目支持，环球影城主题公园、国家文化产业创新实验区、国家影视产业示范区、国家对外文化贸易基地、台湖演艺小镇等重大项目建设不断推进。成立工作专班，筹建台湖演艺小镇艺委会和理事会，重点谋划小镇运作模式和核心功能。坚持高点定位、国际视野，在城市副中心规划建设创意设计特色小镇。北京基金小镇吸引 528 家基金机构入驻，资管规模为 1.1 万亿元，累计缴税达 1.82 亿元。

四　加大文化市场开发力度，以需求带动产业升级

一是着力优化文化供给，满足百姓日益增长的文化生活需求。针对文化消费有效供给不充分、不均衡等问题，北京市从 2013 年起，连续举办五届惠民文化消费季，通过实施数量质量并举、线上线下互动、城市乡村一体、局外局内转换、境内境外对接、优惠激励引导六大创新举措，推动建立起多渠道、广覆盖、立体化的文化消费新格局。在五届活动期间，消费人次从 2654.3 万增至 7689 万，增长 189.7%；消费规模从 52.3 亿元增至 162.1 亿元，增长 209.9%，经济效益和社会效益不断提升，得到中央领导高度肯定。刘延东同志批示"惠民惠企、一举多得、值得推广"。2013 年以来，全国 20 多个省份来京考察交流，安徽等地也举办了类似活动。坚持"既有高峰又

有高原"，一面抓活动品牌，一面建立文化消费促进长效机制，推动文化消费补贴由支持企业向支持消费者转变。2016 年，试点推出了1000 万元惠民文化消费电子券，拉动消费超过 6700 万元，实际惠民2000 多万元，带动相关社会消费超过 6 亿元。2017 年，继续扩大发放规模和范围，发放 5000 万元电子券，带动效应近 7 倍。推出"北京文化消费品牌榜"，评出文化"创意产品""旅游线路""消费地标""体育赛事""艺术展演"五大领域的十大品牌，持续推介优质文化消费品牌。发布《关于促进文化消费的意见》，这是全国首个省级文化消费促进政策，获得社会各界的积极评价。

二是推进文创产业跨地区交流合作。坚持跳出北京看北京，放眼更广阔空间，强化资源统筹。2012 年以来，成功举办深圳文博会北京展区、京交会文化创新专题展区等展会，推介了 200 多家文创企业。举办 2017～2018 年"首都文化科技融合发展成果展"，推介了40 多家优秀文化科技融合企业。落实京津冀协同发展战略，举办京津冀文创产业合作暨项目推介会，累计推介 400 多家优质文创园区和企业、项目。京唐两地签署框架协议，加深演艺、文旅等方面的合作。确立"智志双扶"思路，支持北京文创企业参与对口支援和双向合作。

三是拓宽文化贸易合作渠道。响应"一带一路"倡议，先后举办了"中华文化世界行·感知北京""第十届墨西哥友博会北京主宾城市""2017 年米兰设计周中国日""渥太华欢迎世界—北京周"等国际级会展活动，组织各类文创企业深入阿根廷、秘鲁、乌拉圭、墨西哥等地洽商合作，增进多元文化互动，密切产业合作。与丹麦哥本哈根市文化与休闲部、世界设计周城市网络、中国台湾地区文创代表团等 7 个团组建立了工作联系。支持翰海智业建设海外孵化器，帮扶华韵尚德、四达时代开拓欧非市场。开发应用对外文化交流资料库，加强外贸领域的信息共享。

五　建立健全国有文化资产管理制度机制，推动国有文化资本做强、做优、做大

一是持续深化国有文化企业改革，激发企业发展活力。注重改革的系统性、协同性，确立"四梁八柱"性质的改革主体框架，制定印发《关于深化市属国有文化企业改革的意见》，围绕调整优化资产布局结构、加快建立现代企业制度、加强资产监督管理，指明了企业改革的方向、目标和主要任务。制订国有文化企业改革和资产监管任务分解工作方案，明确目标任务和责任分工，确保改革落地见效。持续推进国有文化企业公司制股份制改革，印发改制工作指引，规范改制操作。指导北京出版集团、发行集团制订全民所有制企业改制方案，推动歌华文化公司制改制。积极推进专业化重组，完成歌华传媒集团股权无偿划转至北京广播电视台工作。推动千龙网与北京晨报社、新京报社资产整合，有序推进股权收购工作。推动京广传媒收购艾德思奇，进一步做实主业。加快北教传媒内部资源整合，进一步筹划主板上市。

二是构建完善国有文化资产监管制度框架，提升监管水平。围绕进一步提升监管效能，制定出台《市文资办出资人监管事项权力清单和责任清单》，列明权责事项25项，推动放管结合。围绕提升监管科学化水平，加强制度建设，制定出台国有文化企业章程管理，重大事项管理，担保、债券发行管理，境外资产、无形资产管理，资产评估项目评审工作、国有资产统计报告、财务决算报告管理等制度，基本建立起涵盖各重点环节的资产管理制度框架。全面推开产权登记工作，开发应用产权登记管理信息系统，完成164家企业产权登记资料审核。进一步压缩管理层级，缩短管理链条，完成10户法人企业注销或股权退出。开展国有文化企业财务统计评价，加强监管企业财务动态监测和运营分析。加强资产基础管理，办理资产评估备案事项18

件，企业股权转让、增加或减少注册资本金以及对外投资等经济事项81项。研究推进国有文化企业董事会、监事会建设，完善法人治理体系。

三是综合运用考核分配和审计监督，强化激励约束。制定出台国有文化企业领导人员绩效考核和薪酬管理制度及实施细则，坚持把社会效益放在首位，推动社会效益和经济效益相统一，逐步建立起严格、量化、便于操作的"双效"考核制度。制定《企业负责人绩效考核导向性加（减）分实施办法（试行）》，突出企业改革、党风廉政建设，意识形态安全等重点打分环节，提出5条"一票否决"指标，发挥关键少数正向引领作用。建立社会效益考核指标库，为实施分类考核提供依据。开展2016～2017年度企业负责人绩效考核和薪酬兑现。印发实施《薪酬总额预算管理暂行办法》，加强监管企业薪酬总额预算管理，确定企业负责人基本年薪及发放方式。试点推动职业经理人制度，探索市场化选人用人措施。加强对监管企业工资内外收入管理，督促各企业建立工资分配的自我约束机制。开展监管企业及二级公司财务、绩效审计，强化审计成果应用，督促企业规范管理，提升经营能力。

第二节　制约文化创意产业高质量发展的主要问题

当前，北京文创产业虽已取得一定成绩，但在具体工作中仍存在一些问题与不足，集中体现在文化资产监管、文化投资机制、文化产业转型及文化消费结构四个方面。

一　国有文化资产监管体制有待完善

一是国有文化资产监管体制机制确立时间不长，各项工作还处在探索磨合期，各项制度还处在实施效果检验期，监管关系有待理顺，监管效能有待增强。二是国有文化企业历史遗留问题比较多，包袱还比较重，给国企改革造成一定难度。企业法人治理结构建设还处在起步阶段，"三会一层"架构还未完全建立。三是国有文化企业"两效统一"还需完善制度支撑。

二　文化投融资体制机制创新面临诸多新挑战

中小微文创企业融资难、融资贵问题仍较突出，尤其是在当前金融严监管的大背景下，文创金融创新难度相对增大。具体表现为，文创企业融资准入门槛进一步提高，文创银行、文创板筹建审批流程增加，"投保贷孵融易"等文化投融资工具持续发挥作用仍需进一步创新。

三　文创产业高质量发展面临阵痛期

在当前"疏整促"和经济转型升级的背景下，北京文创产业相关规划政策处于调整阶段。比如，文创产业引领区建设发展规划还在起草当中，北京城市副中心控制性详细规划还处在征求意见阶段，一些重大项目投资建设、企业创业、人才留京等面临诸多不确定性因素。北京市土地、劳动力等生产要素成本较高，企业经营压力较大。加之上海、杭州、霍尔果斯等地密集出台创新政策，吸引企业和人才落户，容易引发人才流失。

四　文化消费结构性问题还较为突出

文化消费和贸易受环境制约较重，在文化消费领域上，低端同质性文化产品过剩，中高端个性化产品相对匮乏；在产业结构上，传统类文化产业比重较大，新型文化业态还需培育；在要素投入结构上，偏重物力人力，制度、科技、管理等创新要素重视程度不足。这些结构性问题在很大程度上制约了文化消费的提升与扩大。此外,原创能力还不强,版权保护不完善,特别是传统文化资源市场开发不足,文化消费场地和配套设施建设有待完善。文化产品国际竞争力仍显不足。

第三节　对策思路

推进北京文创产业高质量发展,必须全面贯彻党的十九大精神,以习近平新时代中国特色社会主义思想为指导,认真贯彻习近平总书记对北京重要讲话精神,牢牢把握北京城市战略定位,按照全国文化中心建设"一核一城三带两区"总体框架,以社会主义核心价值观为引领,以满足人民群众多样化多层次多方面精神文化需求为目标,健全现代文化创意产业体系,培育新兴文化业态,推动文化创意产业高端化、融合化、集约化、国际化发展,为建设国际一流的和谐宜居之都做出更大贡献。

一　进一步健全文化资本市场体系,提升北京文化金融创新服务能力

一是加快建设北京"文创板",开放应用文化版权、文化类非上市、非公开股权交易流转功能,打造全国第一家文创产业一级证券市场。

二是率先组建全国首家文创银行,在体制机制、文化金融产品、风控模式等方面实行全面创新,提高文化金融专业化服务水平。用好北京市文化创新发展基金,引导更多社会资本投向文创产业。

三是做优北京文化企业上市培育基地,建立拟上市、新三板挂牌企业储备库,培育资本市场的"北京文创板块"。完善文创产业"投贷奖"联动体系建设,更好地满足文创企业日益增长的多元化投融资

和风险管理需求。

四是依托国家文化产业创新实验区和文化金融合作示范区，先行探索文化金融融合发展模式，促进金融产品、服务模式创新，打造国家文化金融创新高地。

五是健全完善文化创意产业投融资服务体系，推动"投融担贷保孵易"各类文化金融工具环环相扣、协同发展，鼓励文创企业合理利用债券、票据、定增、并购等资本市场工具，扩大直接融资规模。

六是坚持高水准，以工匠精神打造北京市文创产业投融资沙龙和推介会品牌，畅通人才、创意、技术和项目涌现渠道，促进要素资源全面深度对接，促进提升产业创新能力和发展内涵。

二 规划推动一批龙头项目落地，培育文创产业新的增长极

一是以首善标准服务城市副中心建设，依托以大运河为核心的文脉资源，完善文创产业发展规划和投融资布局，加快推进以环球影城、台湖演艺小镇、宋庄艺术小镇、创意设计特色小镇等重大项目建设，全力打造城市副中心文创产业发展的支撑体系。

二是完善重大项目调度机制，强化动态跟踪、协调调度、要素保障，有条不紊地推进中丹创新中心、腾讯小镇等重大项目建设，推动优质资源集聚，培育文创产业新的增长极。

三是加强老旧厂房保护利用，按照该保则保、以保定用、以用促保的原则，抓紧开展普查登记、评估认定、规划编制等工作，通过功能性流转、创意化改造，有效盘活老旧厂房资源，建设新型城市文化空间。

三 进一步深化改革创新，引导各类文创企业更高质量发展

一是坚持放管结合，探索建立以管资本为主和推动高质量发展的国有文化资产监管体系和制度机制，为国有文化资本保值增值提供保

障。进一步推进国有文化企业公司制、股份制改革，健全公司法人治理结构。试点推行职业经理人制度，健全市场化选人用人机制。

二是持续推进国有文化企业压缩管理层级、减少法人户数，实现瘦身健体、提质增效。综合运用审计监督、财务统计评价、绩效薪酬等手段，健全激励约束机制，激发企业内生活力。

三是推进国有文化企业重组整合，引导国有资本布局战略性、前瞻性领域，优化资本配置，培育发展新动能。持续开展"降费用、降应收、降库存"专项行动，降低债务杠杆，拓宽融资渠道，优化债务结构，提升抗风险能力。

四是建立健全企业梯度培育机制，着力发展"大而强"，积极培育"小而优"，形成企业竞相发展的生动局面。制订"旗舰计划"，力争用5年的时间，培育1~2家年营业收入过千亿元、5家以上收入过500亿元的龙头文创企业。实施"涌泉工程"，选择具有行业领先优势、高增长潜力、年收入亿元以上的企业，对其高精尖项目给予支持，力争在5年内培育形成100家具有品牌优势、创新优势、规模优势的骨干文创企业。开展"滴灌行动"，连续5年，每年选择支持200家创新性强、增长速度快、发展前景好、规模达千万元以上的优质中小企业，重点提供投融资、专业技术、政策服务，培育"专、精、特、新"文创企业。

四　进一步培育文化市场，推动文化消费持续升级

一是完善常态化文化消费促进机制，持续办好北京惠民文化消费季，提升品牌活动引领作用；加快推进北京文化惠民卡功能升级，集成线上线下资源和优质活动，不断扩大文化惠民消费范围；连续5年，每年安排不低于5000万元用于北京惠民文化消费电子券发放，充分发挥其对文化消费的精准支持和激励引导作用。

二是坚持以内容为发展核心、以版权为转化基础，把提升文化产

品的内涵和质量作为基本着力点，加强知识产权保护和运用，扩大文化产品和服务的有效供给。加大对精品力作的扶持力度，打造内容原创中心，实现从"高原"到"高峰"的跨越。

三是布局建设一批文化消费综合体，促进文化消费的多样化、便捷化、品质化。改善文化消费条件，以国家公共文化服务体系示范区为标准，加强文化服务设施建设，合理布局24小时书屋、自助图书馆，打造"书香京城"。推动实体书店等开展经营模式创新，增强消费黏性和经营效益。引导社会资本投资兴建书店、剧场、影院等文化设施，推动区域文化中心、文化街区、文化广场、小剧场、文艺演出院线等文化消费基础设施建设。

四是大力推动文化文物单位文化创意产品开发，建立创意产品研发、投融资服务和营销推广平台。加大对特色工艺品和老字号产品扶持力度，促进优秀传统文化的传承保护利用。

五是加快发展图书报刊、电子音像、演出娱乐、电影电视剧、动漫游戏等优势文化产品市场，发展基于互联网的新型文化市场业态，建设以网络为载体的新兴文化产品市场，丰富产品供给渠道，培育大众性文化消费市场。

五　进一步创新文化经济政策，培育更高质量的文化营商环境

一是建好用好文创企业上市培育基地，实施"十百千"上市培育服务计划，重点培育服务10家上市龙头企业、100家拟上市企业、1000家创新创业企业，为文创企业上市融资提供专业服务和精准支持。

二是推动北京文化创意产业专家咨询委员会建设，发挥北京高等学校、科研院所和企业总部资源优势，完善官方智库与民营智库、专业智库与综合智库协同发展的文创智库体系，促进文创智库行业发展。

三是出台北京市促进文化科技融合发展的若干措施，构建文化科技融合承载体系。支持文化科技园与文化科技企业孵化器建设，实施一批文化科技融合重大项目。开展市级文化科技融合示范企业和示范基地认定工作，每年评出一批示范基地，优先享受相关文化产业政策支持。

四是加紧出台提升文化金融融合、文化科技融合水平和促进数字创意、影视、音乐、文博等重点行业领域发展的具体政策，推动各区结合实际研究制定相应的配套措施，形成以行业政策为支撑、以各区配套政策为基础的政策体系。持续推进文创产业立法调研，完善文创产业促进条例。

六 进一步拓宽文化交往和产业合作渠道，带动文化贸易持续增长

一是加强与联合国教科文组织等国际知名机构的联系对接，积极承办和参与国际知名文化节事活动及相关文化节会，促进国际文化交流交往与商业合作。支持对外文化推广，以筹办2022年冬奥会等重大活动为契机，积极运用国外主流社交平台，开辟宣传北京的新窗口。持续实施"中华文化世界行·感知北京""欢乐春节""北京优秀影视剧海外展播季"等项目。与更多国际知名城市建立友好城市关系，定期开展文化创意领域外宣活动。

二是坚持"请进来""走出去"有机结合，推动中国北京国际文化创意产业博览会、中国艺术品产业博览会等进行市场化改革，提升北京国际图书节、北京国际电影节、北京国际音乐节、北京国际设计周、中国戏曲文化周、北京国际文创产品交易会等品牌活动的影响力。开展经典剧目和优秀剧目境外巡演活动，搭建国内外优秀艺术院团高端交流平台，推动艺术精品"走出去""请进来"。

三是充分发挥国家对外文化贸易基地产业集聚、政策集成的优势，

积极争取设立国家文化艺术口岸，大力发展跨境文化电子商务，推动文化贸易公共服务平台建设，辐射和带动更多文化企业及其产品和服务"走出去"。

四是鼓励文化企业在境外设立合资出版公司、艺术品经营机构，开办本土化的海外专属频道、专属时段。支持企业以参股、换股、并购等形式与国际品牌企业合作；支持企业参加国际展览展销活动，举办自主品牌巡展推介会；支持企业申报国家文化出口重点企业、重点项目。

五是搭建合作平台，继续办好京津冀文化创意产业合作暨项目推介会，鼓励三地文化产业园区（企业）之间开展各种形式的交流和合作，共享成功发展经验，开拓文创园区、企业、项目之间的合作渠道，构建京津冀文创产业协同发展体系。有效整合京津冀文化演艺、体育、旅游等资源，以重大项目、重大活动、重点园区等为载体，形成区域之间产业合理分工和上下游联动机制，推动京津冀文化创意产业一体化发展。

第十二章

健康服务业高质量发展研究

　　加快健康服务业高质量发展，是深化医药卫生体制改革、满足人民群众不断增长的健康服务需求、提升全民健康素质的必然要求，是进一步扩大内需、促进就业、转变经济发展方式的重要举措，对稳增长、促改革、调结构、惠民生，努力建设国际一流的和谐宜居之都具有重要意义。为贯彻落实《国务院关于促进健康服务业发展的若干意见》（国发〔2013〕40 号），北京市政府印发了《关于促进健康服务业发展的实施意见》（京政发〔2014〕29 号），坚持以人为本、统筹推进，坚持政府引导、市场驱动，坚持立足市情、创新发展，坚持整合资源、协同发展，在切实保障人民群众基本医疗卫生服务需求的基础上，从大力支持社会办医、积极发展健康保险、支持发展多样化健康服务、加快健康服务业与相关产业融合发展等方面，加强政策引导，充分调动社会力量的积极性和创造性，促进健康服务业高质量发展。

第一节　促进健康服务业的主要举措和成效

一　大力支持社会办医

近年来，北京市政府出台了一系列政策，解决了既往社会力量办医准入、人才队伍建设等诸多问题，为社会力量办医创造了公平发展的环境。一是做好规划引导工作，为社会办医留出合理空间。《北京市医疗卫生服务体系规划（2016 年—2020 年）》明确要求，鼓励社会力量根据《慈善法》规定，发展非营利性医疗机构。到 2020 年，按照每千常住人口约 1.5 张床位为社会办医院预留规划空间，同步预留大型医用设备配置空间。二是规范和简化社会办医审批流程，做好社会办医的行政许可工作。结合国家和北京市行政审批制度改革的工作要求，将医学检验实验室、外国医师许可等权限下放至各区。全面放开社会办医配置乙类大型医用设备审批，只审查安全性指标，符合条件的不限制配置。2017 年共有 29 家社会办医疗机构配置了乙类大型医用设备，初审通过 1 家社会办医疗机构设立制剂室的申请。三是推进医师、护士注册管理改革工作，促进人才在公立和社会办医疗机构间合理流动。医师执业注册实行区域注册，执业医师可跨执业地点申请多个机构执业注册；允许医疗机构自行组织考试，选择适岗的外国医师；护士执业注册调整为在本市任一家医疗卫生机构执业注册后，可在本市多个医疗卫生机构执业。四是支持社会办医疗机构科研、教育培训方面的发展。对社会办医疗机构在科技和教育培训方面采取和公立医院一视同仁的政策。继续医学教育项目申报面向社会办医疗机构开放，2017 年三博脑科医院获批国家级继续医学项目 7 项，获批市级继续医学教育项目 11 项；支持社会办医疗机构开展医学科研，2017 年北京卫生发展科研专项有 4 家社会办医共申报 21 个项目，其中 1 个项目获得资助；社会办医疗机构积极送出参加住院医师规范化培训，2017 年新招录社会办医委托培训住院医师 38 人。五是做好社会办医疗机构的质控管理和行业评价。将社会办医疗机构的专家纳入质控专家委员会，在常规飞行检查和质控管理中，对社会办医疗机构与公立机构统一进行检查和管理；在大型医院巡查工作中，将社会办医疗机构纳入督导检查范围；通过疾病诊断相关组（DRGs）等方式，将社会办医院纳入医疗管理行业评价。

在一系列政策支持下，北京市社会办医资源投入增长明显，服务能力特别是高端服务能力增强，服务利用迅猛增加，服务效率提高，多元化办医的格局已逐步形成。2017 年社会办医疗机构共计 4768 家，其中医院 480 家、基层医疗服务机构 4236 家，分别占同期全市总量的 44.1%、66.7%、42.4%，实有床位 26947 张，占全市实有床位总数的 21.2%，卫生人员 80330 人（其中卫生技术人员 58552 人），占同期全市总量的 26.4%。[①]

二 积极发展健康保险

北京首创预防接种异常反应保险项目。自 2016 年 1 月 1 日起，本市正式开始实施预防接种异常反应保险项目试点工作。该项目采取"政府保基本，个人保补充"的原则，通过政府购买商业保险，对公民在本市行政区域内接种一类疫苗引起的异常反应实施政策性补偿。这是全国首次在预防接种异常反应补偿中引入商业保险补偿机制，提升了保障水平、扩大了保障范围、提升了服务效率，有助于形成政府、社会、企业、家庭责任风险共担的保障体系。

积极推进商业保险参与基本医保经办服务。在确保医疗保险基金安全和有效监管的前提下，积极鼓励商业保险参与基本医保经办服

---

① 《2017 年北京市卫生工作统计资料》。

务，提升医保经办服务效能。自 2011 年在平谷区试点商业保险参与新农合经办管理的"共保联办"模式以来，目前商业保险参与基本医保经办已扩大到 11 个区。其中，平谷、密云等 9 个区以"共保联办"的方式引进商业保险参与新农合经办，丰台和海淀 2 个区以政府购买服务的方式引进商业保险参与新农合经办，商保经办覆盖近 190 万人。

三　支持发展多样化健康服务

（一）医疗检查检验机构服务逐步增强

结合国家工作要求，明确了在北京市设置独立的医学检验机构、影像中心、病理诊断中心、血液透析中心的程序和管理要求，开展标准和管理规范的培训工作。截至 2017 年底，全市共有独立医疗检查检验机构 54 家，拥有卫生人员 1536 人（其中技术人员 987 人）。北京市自 2008 年起逐步建立健全检验、检查医疗机构的质量控制体系与监管机制，持续推动医疗机构之间的检查结果互认。结合京津冀协调发展战略要求，推动京津冀三地医疗机构开展临床检验结果互认。截至目前，京津冀地区临床检验结果互认项目达到 33 项；临床检验结果互认医疗机构达到 296 家，覆盖了符合要求的三级、二级医疗机构和医学检验实验室。

（二）康复护理体系逐步完善

一是加强康复医疗服务体系建设。2016 年联合市发展改革委等 9 个部门印发《关于加强北京市康复医疗服务体系建设的指导意见》，提出按照"优化布局、分级诊疗、提高质量、持续发展"的要求，形成住院康复、日间（门诊）康复、居家康复紧密结合的康复医疗服务网络，为患者提供科学、适宜、连续性的康复服务。二是加强康复护理能力建设。全市二级以上公立中医、中西医结合、民族医医院全部设立康复科；将中医医疗机构康复科纳入康复护理体系，全市目前有国家级中医康复重点专科 3 个，市级中医康复重点专科 9 个，大兴区红星医院转型为中西医结合的康复医院。自 2012 年以来，确定北京博爱医院、中日友好医院、北京康复医院等 25 家三级医院为北京市康复治疗专业人员培训医院，截至 2017 年累计培训约 500 名康复治疗师。三是推动公立医疗机构向康复功能转型。先后确定西城区展览路医院等 15 家机构作为向康复机构转型的公立医疗机构，市财政为每家转型机构补助 1500 万元。四是积极引导社会力量办康复。鼓励社会组织和个人以多种形式投资康复医疗服务业，鼓励康复治疗师设置独立的康复医疗机构或独立执业，积极引导社会力量投资设置康复医院、护理院等类型的医疗机构，按照不低于 25% 的资源配置标准为社会力量举办康复医疗机构预留审批空间。截至 2017 年，北京市共有康复护理医疗机构 24 家，床位 2256 张。2017 年全市实际开展了康复护理服务的医疗机构共计 183 家，康复门诊诊疗 167007 人次，出院 23882 人。

（三）发展中医药医疗养生保健服务

深入开展"十病十药"工作。完成 10 个成药性研究项目，促进老中医药验方、医疗机构制剂向中药新药转化。筹备成立北京中医药创新创业产业园，鼓励有产品、有项目的专家与专业中医药科技孵化园合作，建立项目、资金、园区的对接机制，促进中医药产品的开发利用。

搭建国际化服务平台。利用中国（北京）国际服务贸易交易会等平台，加强中医药国际交流与合作。市政府办公厅印发《北京市服务贸易竞争力提升工程实施方案》（京政办发〔2017〕14 号），将加快建设特色服务贸易功能区，培育多层次的服务贸易市场主体，打造一批具有较强国际竞争力的服务品牌，不断增强北京中医药国际服务贸易影响力。拓宽社会化健康服务领域，加快"走出去"步伐，拓展国际中医药服务贸易和中医药咨询机构，促进中医药产业国际水平提高，带动中医药和服务业产业做大做强。

（四）发展健康体检、健康管理、健康咨询等健康服务

积极发展健康体检机构。截至 2017 年底，本市具有健康体检资质的医疗机构已经达到 229 家，其中营利性医疗机构 97 家，营利性医疗机构完成体检总量超过 50%。[①] 为保证健康体检质量和公立及社会办机构的质控同质化，修订《北京市医疗机构健康体检质量管理与控制指标》，开发体检质控综合管理信息系统和现场移动的检查系统，制定《健康体检体征数据元规范》《健康体检服务规范》，有效提高了健康服务业标准化水平。加强体检机构监管，组织北京健康管理协会与 100 余家体检机构签订了《北京市健康体检医疗机构依法执业承诺书》，促进健康体检机构加强行业自律及自我依法执业的管理能力。

四　加快健康服务业与相关产业融合发展

（一）积极推进医养结合，强化老年健康服务

北京建立了以市级老年健康服务指导中心为龙头、以 16 家区级老年健康服务指导中心为骨干、以基层医疗服务机构为支撑的服务网络，不断完善老年健康管理体系。东城区、朝阳区和海淀区成为国家级医养结合试点区，多层次探索医养结合工作经验。印发《关于推进医疗卫生与养老服务相结合的实施意见》，形成多部门协作推动的医养结合和老年健康服务体系框架。社区卫生服务机构对辖区有需求的老年人免费建立健康档案，以形成连续、综合、可追踪的个人及家庭健康资料，每年对辖区内 65 岁以上老年人开展 1 次健康管理服务。

---

① 《北京市 2017 年度体检统计资料报告》。

做好养老机构与医疗卫生机构对接。截至 2016 年底，全市 509 家养老机构和养老照料中心医疗服务覆盖率达到了 90% 以上。遴选确定北京市隆福医院等 15 家医疗机构为首批北京市临终关怀试点单位，探索开展机构及居家安宁疗护服务，满足人民群众对不同层次医疗服务需求，减轻临终患者病痛，维护生命尊严。

（二）推进医疗卫生信息化建设，加快与信息产业融合发展

信息化建设支撑作用进一步强化。建立了北京通健康卡主索引平台，实现患者授权就医、医生执照行医及医院授权诊疗的安全互通。完成北京通健康卡全市 1300 万户籍人口的信息采集和照片准备。建成 1 个市级和 16 个区级人口健康信息平台。初步建成北京地区分级诊疗库，为患者在市内跨院就诊奠定了信息互联、互通基础。在 16 区建立了区级临床会诊中心和部分医技会诊中心，在 53 个医联体核心医院开通了下级医院的远程医疗服务，90% 的社区卫生服务中心与上级医院开展了远程医疗服务业务。

鼓励互联网健康新业态、新模式、新应用发展。本市形成了以叮当快药、好大夫在线、春雨医生等为代表的用户规模达到千万量级的互联网健康创新公司。充分利用本市互联网龙头企业的资源优势，打造服务民生的互联网健康服务平台。

（三）发展健康文化与教育产业

培育和引导健康服务消费发展。积极将健康文化类有关项目纳入推选文化消费品牌的视野范围，中医文化之旅以及北京马拉松、冰雪文化之旅、京西民俗之旅等健康旅游休闲类项目入围榜单。充分利用广播电视、平面媒体及互联网等新兴媒体深入宣传健康知识。北京电视台推出的《养生堂》《我是大医生》等专题栏目内容丰富、形式多样，受到了社会的广泛关注。利用公众微信号、健康微博等媒介开展科普知识宣传。与北京人民广播电台城市广播栏目合作，制作专题节

目，每期由 1 位区卫生计生委"一把手"做客电台，介绍本区社区卫生服务开展情况。依托官方微信"健康北京"平台，推出"各区卫生计生工作展示"系列微话题，介绍基层卫生计生工作的亮点。

五　加大健康服务业人才培养和职业培训力度

一是加大健康服务业人才培养力度。委托北京卫生职业学院开设了护理、药学、康复治疗技术、中医康复保健等 13 个专业，其中护理和药学专业在 2016 年被评为全国首批健康服务类示范专业。2013 年 12 月，北京市建立养老服务职业教育联盟，先后有 6 所高职院校、6 所中职学校开设了老年服务与管理专业，每年在校学生超过 500 人。加强对养老服务相关专业建设的指导工作，成立北京市老年服务与管理专业建设指导委员会，建设 4 个养老护理员培训基地、1 个养老护理员职业技能鉴定所。

二是加大健康服务业人才职业培训力度。落实国家职业资格证书制度，积极鼓励和支持本市健康服务业从业人员参加养老护理员、营养配餐员、育婴员、保健按摩师、心理咨询师等职业培训和技能鉴定。近三年来，共有 50956 人参加健康服务业相关职业（工种）的鉴定考核，经鉴定合格，取得国家职业资格证书的达 25869 人，有效提升了本市健康服务业从业人员的技能素质和服务品质。

六　完善健康服务法规标准和监管

一是大力推进健康服务标准化建设，积极开展相关地方标准的制修订工作。2014～2018 年，累计组织制修订 19 项地方卫生标准，其中北京护理学会制定的《老年人护理安全技术规范》、市体检中心制定的《健康体检体征数据元规范》等对本市健康服务标准化工作起到了很好的推动作用。

二是加强卫生行业监管。2016 年 11 月至 2017 年 6 月组织开展北京市医疗机构专项监督检查，紧密围绕社会关注热点开展自查自纠、自我监管，依法严肃查处违法、违规行为。进一步建立、完善全市医疗机构"双随机一公开"的监督执法工作机制，推动国家卫生计生法律法规在医疗机构全面落实，规范医疗服务市场秩序，维护人民群众健康权益。建立医疗机构自我监管工作机制，同时对在专项监督检查中发现的违法、违规问题，给予处罚及公示。对受到过行政处罚、不良行为记分的医疗机构，市区两级卫生计生行政部门组织开展联合稽查，查看其依法、依规执业整改情况。

七　促进产业结构升级和优化空间布局

引导各类健康服务资源向新城、远郊区布局，推进中心城区优质医疗资源通过多种方式向资源薄弱地区转移。按照市委、市政府整体部署，围绕非首都功能疏解，启动了天坛医院、安贞医院、友谊医院等一批市属重大医疗卫生资源疏解项目，通过推动中心城区优质医疗资源向五环外以及新城地区疏解转移，带动区域优化提升。同时，北京市也将围绕重点产业功能区，布局或培育一批高端健康服务业企业，提升产业功能区对高端资源的承载力和吸引力。

第二节　健康服务业高质量发展存在的问题

一　健康服务业相关部门分工不明晰

由于健康服务业发展涉及面广、领域多，又是相对较新的提法，各单位间以及各单位的不同处室的定位与分工不够明晰，存在一定的越位与缺位现象，多部门协同联动和互动机制还有待完善。例如，中医药健康服务涉及医疗、工商、城管、公安等多个部门，各部门联动监管和执法机制还未很好地建立，在市场执法过程中存在监管不严、执法不力的情形，难以保证行业健康有序发展。

二　健康服务业发展不平衡、不充分的现象仍然存在

北京市拥有较为丰富的健康服务资源。随着社会经济快速发展，人们的健康观念得到转变，逐步加大对良好健康状态的追求，健康服务需求快速增长。2016 年北京市卫生总费用为 2048.99 亿元，人均卫生总费用为 9429.73 元，卫生总费用占 GDP 的比重为 7.98%，北京市广义政府卫生支出（国际口径）占 GDP 的比重达到 5.33%，逐步接近高收入国家水平。[①] 同时，北京市的人口年龄结构变化也引起了更多的健康服务需求变化。截至 2016 年底，全市 60 岁及以上户籍老年人口约 329.2 万人，占户籍总人口的 24.1%，户籍人口老龄化程度居全国第二位。北京市健康服务业目前仍然存在一定程度的发展不平衡、不充分现象。

（一）各类健康服务发展不平衡

在目前全市健康服务业的各个门类中，医疗卫生服务的增加值占全市健康服务业的份额超过一半，并仍呈逐年上升趋势。而健康管理和促进服务、健康咨询服务、健康保险和保障服务等领域发展则相对滞后，其份额较小且呈下降趋势，制约了健康服务业整体水平的提升。

（二）医疗资源空间布局不均衡

传统的医疗资源富集区域仍然保持其资源优势，医疗资源相对薄弱的几个区虽然近几年有所改善，但与医疗资源丰富区之间的差距并没有缩小。以优质医疗资源为代表的健康服务能力分布不均衡。

---

① 《2016 年北京市卫生工作统计资料》。

（三）生命全周期健康服务能力不足

随着人口结构变化和经济的发展，居民对医疗服务有了更多更高的需求，现有的医疗服务体系尚无法很好地提供对居民全生命周期、全方位的服务，特别是康复护理疗养等医疗服务体系还有待加强。

（四）优质健康服务供给相对不足

随着人们生活水平提高和人口老龄化加剧，北京市民健康保健意愿和对高品质健康服务的需求更加强烈；而全市高水平从业人员紧缺，优质健康服务供给不能完全满足群众需求，健康服务的需求与供给之间的矛盾仍较为突出。特别是社会力量提供的社区居家养老、照料、康复、健康咨询、临终关怀等健康服务在总量和品质上都还不能适应社会发展的需要。

（五）基层健康服务能力不强

基层医疗机构的发展无论是在资源投入上，还是在服务从量上都有所增加，但占全市总量的比重没有太大变化，在提升医疗服务系统整体绩效方面的作用未得到充分发挥。受薪酬待遇、工作环境、职称晋升等一系列因素影响，优秀医护人才向中心城区、三级医院集中的趋势明显，郊区和基层卫生机构老年医学、康复、护理人才极为紧缺，医疗支撑能力不强。2016 年城六区平均每千常住人口拥有执业医师 5.01 人、医院床位 6.15 张，10 个远郊区对应数字仅为 2.91 人和 4.43 张。同时，基层医疗卫生服务机构信息平台建设不完备，信息化管理能力较弱，就诊信息难以整合共享，医联体内服务效率和便捷性受到影响。

三　社会办医疗机构参与医疗服务提供的质和量都亟待提高

近年来北京市的社会办医疗机构数量在快速增长，但其参与医疗服务提供的质和量都亟待提高。2017 年社会办医疗机构占全市总量的 44.1%，实有床位占全市总数的 21.2%，卫生人员和卫生技术人员占同期全市总量的 26.4% 和 24.5%，但其提供的总诊疗人次数仅占全市总计的 14.6%。出院人数仅占全市的 12.3%，住院病人手术人次数仅占全市的 11.9%。[①] 另外，虽然社会办医机构近几年在高端医疗服务方面有所增强，社会办三级医院从 2013 年的 3 家增加到 2017 年的 19 家，但近半数新增三级医院的服务领域仍为以往的皮肤、肛肠等专科为主，综合性医院少，投入康复护理、产科、儿科、口腔、老年医学等急需领域的不多，具有明显专科优势、品牌认知度高、市场竞争力强的医疗机构不多。

四　卫生信息化水平对健康服务业发展的支撑不足

在信息技术高速发展的今天，卫生信息化已成为加强行业管理、提高医疗卫生服务水平的重要支撑手段，日益彰显出在提高资源利用效率、改善医疗服务质量等方面的重要作用。2018 年 4 月国务院办公厅正式发布《关于促进"互联网＋医疗健康"发展的意见》，明确提出要健全"互联网＋医疗健康"服务体系，完善"互联网＋医疗健康"的支撑体系。目前北京医疗服务领域的信息化整体水平不高，综合管理信息化应用不佳，医疗机构的便民利民信息化建设与国内一些先进省市县区医疗机构存在一定的差距，尚不足以支持当前健康服务业的发展需要。

五　相关配套政策不够完善

老年人急需的护理院、护理站建设缺乏医保、价格、财政等支持政策，无法享受相关补贴。网上诊疗、电子处方、医药流转等很多相关的法律法规不健全，缺乏监管标准。互联网医院牌照的发放和管理

---

① 《2017 年北京市卫生工作统计资料》。

缺乏全国统一的规范。健康信息管理平台建设缺乏人口的数据交换管理标准、健康医疗行业数据标准。养生保健领域行业亟待规范登记注册经营，对从业人员执业资格缺乏有效监管。

第三节 健康服务业下一步高质量发展方向

一 加强各行业各部门的沟通协作，提升基层健康服务能力，形成促进健康的合力

进一步简政放权，完善促进健康服务业发展与管理的体制机制。加大牵头部门的统筹协调力度，贯彻落实健康优先发展战略。健全健康服务资源"上联下沉"保障政策，加快建设城乡紧密型医疗联合体，不断扩大区级医疗优质资源的辐射和引领作用，进一步促进区域医疗人才、设备、技术、信息等优质资源的有效配置，提升基层医疗机构的服务能力和运行效能。加强健康服务业的工作宣传，积极引导多元主体共同参与健康事业。

二 统筹考虑新形势、新要求，调整健康服务业功能定位和发展方向

结合京津冀协同发展、《北京城市总体规划（2016年—2035年）》、通州城市副中心建设以及"健康中国""健康北京"等国家及北京市重大战略决策部署，在未来新出台的有关健康服务业的政策文件中，进一步明确北京健康服务业的功能定位、产业结构选择以及空间布局。未来北京健康服务业定位应统筹考虑健康服务的事业与产业双重属性，与建设国际一流的和谐宜居之都对城市健康服务、健康环境以及全民健康素养的要求相匹配。

三　完善健康服务业顶层设计，提供高品质、多元化的健康服务供给

加强对健康服务业的系统性基础研究，以及对新业态、新模式的研讨，明确理念、把握规律，为完善政策环境打下基础。建议在已出台的《健康服务业分类（试行）》基础上，加强统计调查和数据分析，及时公布统计监测和分析结果。建议研究编制"北京市健康服务业发展总体规划"。结合北京"高精尖"经济发展，逐步梳理适合北京定位、发展潜力大的健康服务行业，将其列入北京市重点发展行业。研究建立长效支持机制，推进医疗健康与养老、旅游、体育、互联网等有效融合，形成功能齐全、结构合理的产业支撑体系。

四　做好政策落实与引导，推动社会办医的高质量发展

充分发挥市场在资源配置中的决定性作用，同时发挥政府引导作用，落实各项社会办医支持政策，促进资源均衡、有效配置，引导社会资源投入目前急需的环节。强化规范发展原则，依法依规加强医疗服务行为监管，引导社会办医疗机构加强行业自律，不断提高医疗服务质量。

五　继续加强独立医学检查检验机构建设，完善康复护理体系等薄弱环节的建设，推进家庭及社区保健服务

继续落实相关政策，加强独立医学检查检验机构建设。完善激励机制和相关财务、人事管理政策，鼓励更多的医疗机构开展康复护理服务，引导社会资源投入康复护理体系建设；加快康复护理人才的培养，制定康复护理的规程和质量标准，强化质量管理，不断提升其服务水平和效率。家庭及社区的保健服务在健康服务业中占有重要地位，要加强相关人才的培养和投入，以信息化手段为依托，推进家庭

及社区保健服务的开展，更好地满足居民的健康服务需求。

六　加强信息化对医疗服务业的支持作用

与信息化、智能化新技术趋势相结合，推进北京地区卫生信息化的建设，搭建面向居民全人口的健康数据平台，建立以居民健康档案和电子病历为基础的智慧型健康信息化体系；创新"互联网＋"医疗卫生服务，提高医疗服务水平，优化居民就医体验；推动人工智能与医疗融合，优化服务流程，提高医疗服务效率；加强医疗信息安全建设，规范数据共享利用。

七　进一步完善健康服务业法律法规、标准和执法监督环境

由相关委办局联合出台健康服务（如居家医疗及康复、护理服务等）管理规范，调整价格标准，完善医养结合机构医保相关政策。加快规范中医药养生保健领域企业的工商登记。建立规范、统一的数据交换管理标准、健康医疗行业数据标准。研究制定网上诊疗、电子处方、医药流转等互联网医疗配套政策、法规、相关标准和规范。建立健康服务机构及相关责任主体的失信惩戒机制。

第十三章

市属企业高质量发展研究

党的十九大报告提出："我国经济已由高速增长阶段转向高质量发展阶段。"[1] 确定了推动国有资本做强、做优、做大，培育具有全球竞争力的世界一流企业的目标。加快推动市属企业高质量发展，是贯彻党的十九大精神的必然要求，是落实北京城市战略定位的重要内容，是推进市属国有经济持续健康发展的必由之路。本文旨在分析推动市属企业高质量发展的背景和问题，提出以深化改革为手段，激发市属企业的动力、活力，促进更高质量、更可持续发展的路径和措施。

第一节　市属企业高质量发展的必要性

一　推动高质量发展是顺应全球发展趋势的必然要求

当前，世界新一轮科技革命和产业变革席卷全球，我国经济发展

---

① 习近平：《决胜全面建成小康社会　夺取新时代中国特色社会主义伟大胜利——在中国共产党第十九次全国代表大会上的报告》，人民出版社，2017，第30页。

既面临着千载难逢的历史机遇，又面临着差距拉大的严峻挑战。从机遇来看，新一轮的科技和产业变革中涌现出的新技术、新产品、新业态为我国转变发展方式提供了技术经济基础、指明了发展方向。从挑战来看，与发达国家相比，我国在全球产业链、价值链中的地位总体上处在中低端，关键核心技术受制于人的局面没有得到根本性改变，尤其是近期由美国挑起的中美贸易摩擦不断升级，限制了我国贸易出口和高科技产品进口，对部分外向型企业和高新技术产业的发展造成了不同程度的影响。在这种背景下，谁能在科技创新和转型发展上抢占制高点，谁就能取得更大的发展成就并获取战略优势。因此，市属企业只有提高创新能力和水平，促进新旧动能加快转换，实现经济更高质量发展，才能有效应对当前国际经济发展形势，进一步增强企业核心竞争力。

二 推动高质量发展是步入经济发展新阶段的现实需要

党的十九大做出了我国经济发展已由高速增长阶段转向高质量发展阶段的重大判断，推动高质量发展已经成为我国确定发展思路、制定经济政策、实施宏观调控的根本要求。当前，北京从集聚资源求增长，到疏解功能谋发展，步入了减量发展、绿色发展、创新发展的新阶段，特别是随着北京新版城市总体规划的实施，"四个中心"功能建设、提升"四个服务"水平成为北京工作的核心内容。因此，和其他城市相比，北京的高质量发展有其鲜明的特点，减量发展是特征，创新发展是出路，而且是唯一出路。北京市围绕建设国际一流的和谐宜居之都，研究制定了推动北京高质量发展的指标、政策体系，出台了新一代信息技术、集成电路、人工智能等10个高精尖产业指导意见，在创新引领、产业升级、城市建设、民生保障等方面都提出了新的要求。北京的市属企业只有准确把握经济发展新特征，满足城市发展新需求，发展才会更有生命力，才能更好地服务于北京的发展大局。

三　推动高质量发展是实现国有资本做强做优做大的战略选择

国有企业是中国特色社会主义的重要物质基础和政治基础，在推动高质量发展上必须发挥示范引领作用，这既是历史使命，也是应尽职责。多年来，市属企业围绕着服务北京城市战略定位，扎实推进国有企业改革发展，市属国有经济呈现"总量增长、质量提升、布局优化、功能增强"的良好态势，市属企业收入、利润等主要经济指标均保持两位数增长，增速明显高于全国国有企业平均水平，位居四个直辖市之首。17 家企业资产超千亿元，北汽集团、首钢集团进入世界500 强，17 家企业进入中国 500 强，市属企业在北京经济社会发展中发挥着越来越重要的作用。国有经济发展取得的成绩，为深化改革和推进高质量发展预留了空间，打下了坚实基础。站在新的发展起点，市属企业有责任，也有能力实现质量变革、效率变革和动力变革，以高质量发展推动国有资本做强做优做大。

第二节　制约市属企业高质量发展的因素

当前，市属企业发展仍然存在不少困难和问题，突出的表现就是活力不够、动力不足、效率不高，从而影响了市属国有经济发展的质量和效益。

一　盈利能力有待进一步提高

企业盈利能力是推动高质量发展的重要保障。近年来，市属国有经济实现较快增长，但也要看到，市属企业盈利能力与拥有资产的数量不相匹配，还没有完全摆脱依靠资源投入和规模扩张的发展模式。

盈利稳定性不强。从盈利水平来看,市属企业净资产收益率不高,与行业一流企业相比还存在差距;从盈利构成来看,市属企业盈利主要来自投资收益与政府补助,主业盈利能力较弱,运营质量和效率有待提升。盈利后劲不足。市属企业大多处于传统产业,"高精尖"产业比重偏小。目前,资产数量前三位的行业分别是房地产、交通、钢铁,利润前三位的行业是房地产、能源、汽车,新产业、新动能对市属国有经济的支撑不足,可持续发展能力不强。

二 布局结构有待进一步优化

近年来,市属国有经济布局结构不断优化,但与服务北京城市战略定位要求还有一定差距,存在散、弱、小的问题。市属国有资本分布过散,在国民经济 96 个大类行业中,市属企业涉足 85 个行业,且大多处于产业链、价值链的低端环节,产业结构层次偏低;企业链条过长,最长的达到了 11 级,导致企业管控能力较弱,一些企业内部管理构架复杂烦琐,容易引发利益输送、国有资产流失等风险和问题。同质化经营较为普遍。市属企业中有多家涉及房地产、环保等行业,在一定程度上存在同质化发展、同业竞争,产业链竞争优势和资本聚集效应没有充分发挥。辐射力、影响力不够强。市属国有资本地域性特色过重:大多国有资本布局于京内,其辐射力、影响力不够强,在落实"一带一路"倡议、京津冀协同等发展战略上的作用尚未充分发挥;在京外、境外的影响力和竞争力还不够大,资本配置效率和配置水平还有待进一步提高。

三 创新能力有待进一步加强

目前市属企业的创新发展能力与全国科技创新中心建设的要求相比还有一定的差距,在创新驱动和高精尖产业发展上还有较大的提升空间,创新引领作用还没有充分发挥。企业核心竞争力不强。像京东方、北汽等拥有核心关键技术和自主品牌的企业还不多，企业在行业中的话语权和影响力还不强。市国资委系统拥有高新技术企业242家，占企业总数的比例不足5%。研发投入规模和强度仍显不足，2017年市属企业研发投入强度为1.7%，低于全国和北京市其他企业的平均水平。缺乏支持企业创新的机制。科技创新具有高投入、高风险、周期长等特点，目前用市场化方式推动企业创新的机制还不完善，市属企业缺少支持、引导企业创新的载体和平台，难以对企业创新活动提供充足、持续的资金支持，从而极大地影响了企业的创新路径和效率。企业创新发展的动力不强。以创新为导向的考核评价体系和刚性约束机制还不健全，企业对存在诸多不确定性的创新活动还有顾虑，研发投入规模和强度仍显不足。人才储备还有不足。随着企业快速发展，科技领军人才、高端创新人才匮乏的情况凸显，国有企业引人、用人、留人的机制不够灵活，部分企业人才流失比较严重，成为制约企业高质量发展的短板。

四　市场化经营机制有待进一步完善

市属企业现有管理模式与市场化方向还不相适应。在选人、用人方面，市属企业市场化选人、用人模式还没有完全推开，职业经理人制度虽然已经开展试点，但试点范围还不广，力度尚需加大，通过市场化选聘的职业经理人比较少，还没有真正建立"市场化选聘、契约化管理、差异化薪酬、市场化退出"的模式。目前市属企业领导人员采用与行政干部同等的管理方式，在发挥个人才能方面会受到一些约束和限制，这样就导致企业家创新、创业动力不足，企业发展缺乏活力。在中长期激励方面，企业领导人员薪酬水平与社会企业相比差距较大，这在一定程度上影响了企业领导人员的积极性。同时，企业内部激励机制不到位、作用不明显，缺乏激发企业家精神、发挥企业家作用的激励保障措施，目前主要是现金形式的任期激励，涉及股权性质的激励措施较少，不能充分调动企业内部各层级干部职工的积极性。

第三节　推动市属企业高质量发展的路径和措施

推动市属企业高质量发展，要坚持以习近平新时代中国特色社会主义思想为指引，牢牢把握北京城市战略定位，以推动国有资本做强做优做大为中心，以深化供给侧结构性改革为主线，以体制机制改革创新为突破点，着力增强国有企业内生动力和发展活力，为打造国际一流的和谐宜居之都做出新的贡献。

一　聚焦"三维目标"

推动质量变革、效率变革、动力变革，是转变发展方式、优化经济结构、转换增长动力的攻关期的重要内容，推动市属企业高质量发展要紧扣这三个维度的目标。

一是推动市属企业发展质量变革。围绕构建与北京城市战略定位相适应的现代化经济体系，立足实业、聚焦主业，把提高供给体系质量作为主攻方向，全面提升企业运行和产品服务质量，不断增强企业核心竞争力和抗风险能力，促进国有经济的质量和效益稳步增长。

二是推动市属企业发展效率变革。推动国有资本市场化重组整合、混改上市，提高国有资本的流动性和配置效率。以董事会建设为核心完善法人治理结构，提升国有企业科学决策的效率和水平。以管资本为主加强国资监管，做好转职能、搭平台、做服务、强监管等工作，切实提高监管效能。

三是推动市属企业发展动力变革。要进一步提升企业创新发展的内在动力，明确企业创新主体地位，不断完善创新体制机制，大力推进科技创新和发展"高精尖"产业。培养、造就一批具有国际水平的科技领军人才和高水平创新团队，充分调动企业家、技术人员和其他人才的积极性和创造性。

二　坚持"五项原则"

一是坚持党的领导。坚持党对国有企业的政治领导、思想领导和组织领导的有机统一，发挥国有企业党组织领导的核心作用。健全、完善党建工作责任制，为国有企业改革发展提供坚强有力的政治保证、组织保证和人才支撑。

二是坚持市场化改革方向。遵循市场经济规律和企业发展规律，坚持政企分开、政资分开、所有权与经营权分离，坚持权利、义务、责任相统一，坚持激励和约束相结合，提升企业市场化、现代化和国际化经营水平。

三是坚持立足北京发展大局。围绕北京城市战略定位，积极履行国有企业的经济责任、政治责任和社会责任，不断提升"四个服务"水平，在加强"四个中心"功能建设的过程中发挥好国有企业的引领、示范作用。

四是坚持创新发展。强化企业创新主体地位，着力提升自主创新能力，注重协同开放创新，优化创新创业生态，大力推进以科技创新为核心的全面创新，持续激发国有企业活力、创造力和市场竞争力。

五是坚持分类改革。立足国有资本的战略定位和发展目标，结合不同国有企业在经济社会发展中的作用、现状和需要，分类推进改革发展、分类改进监管、分类定责考核，提高改革的针对性、监管的有效性和考核评价的科学性。

三　落实"八项举措"

一是完善国有资产监管体制。深化国资监管机构改革，充分发挥国资改革对国企改革的带动和牵引作用。以管资本为主推进监管职能转变。落实中央"放管服"改革要求，重新梳理出资人监管权力和责任清单，精简优化监管事项，强化管资本职能，重点管好资本的布局、运作、回报和安全，切实保障企业的经营自主权，确保该放的放到位，该管的坚决管好。改革国有资本授权经营体制。加快改组组建国有资本投资、运营公司，逐步扩大试点范围，进一步授予国有资本投资、运营公司战略管控、产权管理、业绩考核与收入分配等出资人职权，充分发挥其在布局调整中的作用，助力"高精尖"产业发展。分类实施监管。针对企业不同功能定位、行业特点分类施策，公共服务类企业以保障民生为主要目标，重点监管提供公共产品、公共服务的质量和效率；特殊功能类企业以实现政府战略意图为主要目标，重点监管推进市委、市政府重大专项任务的完成情况；竞争类企业以资本效益最大化为主要目标，重点监管经营业绩和保值增值情况。

二是全力服务保障首都功能。从首都发展大局出发，加快"四个中心"功能建设，提升"四个服务"水平。疏解退出不符合首都功能定位的企业。紧紧抓住疏解非首都功能这个"牛鼻子"，加快推动"僵尸企业"退出、过剩产能化解等工作。加快"腾笼换鸟"促进首都功能优化提升。按照"四个一批"大力推进市属企业土地再利用。"留白增绿"一批，将零散土地建成主题公园、绿地等；"升级改造"一批，利用现有存量土地打造文化创意产业、创客空间和创新社区，发展与首都功能定位相匹配的新产业、新业态、新模式；"开发、盘活"一批，将腾退土地用于建设保障性住房、创新成长型企业办公空间和人才租赁公寓，优化创新创业生态环境；"配套服务"一批，将存量物业资源和疏解腾退土地用于发展文化体育、医疗养老等公共服务设施。构建符合首都功能定位的产业发展格局。围绕促进"高精尖"产业发展，分类推动企业转变发展方式，做实公共服务产业，重点发展交通、水务、能源、环保等领域；做强高技术制造业，巩固扩大新能源汽车、集成电路、节能环保等产业优势；做优现代服务业，推动服务业高品质发展，做强"北京服务"品牌。

三是优化国有经济布局结构。加快推进国有经济结构调整，促进国有资本更好地发挥引领、带动作用。大力推进企业战略性重组。探索设立国企改革结构调整基金，重点推进一级企业调整重组，加快分拆式专业化重组和内部资源整合，推动国有资本向符合首都功能定位的重点行业、关键领域和优势企业集中。分层、分类积极稳妥地推进混合所有制改革。加强与央企、地方优势龙头企业的股权合作，稳步推进一级企业混合所有制改革；与发展潜力大、成长性强的社会资本进行战略合作，实现各种所有制相互促进、共同发展；积极推动混合所有制企业员工持股，稳步扩大范围，重点在科技创新型企业加大力度。加快企业改制上市。把上市作为提高国有资本流动性的重要手段，积极推进企业首发上市、一级企业整体上市、港股上市公司 A 股上市，统筹运用上市公司平台，加大国有控股上市公司整合力度，加强市值管理，提升上市公司的质量。

四是推动企业创新发展。把创新作为引领国资、国企高质量发展的第一动力，不断提升市属企业的创新能力。完善创新体制机制。完善推动企业创新的新模式，探索建立创投公司和设立国企创新基金；加大创新资金投入力度，完善创新考核机制，进一步提高创新考核的权重，引导支持企业强化科技创新和发展"高精尖"产业。加强创新人才队伍建设。积极搭建引才、引智平台，引进顶尖人才，进一步强化人才激励，健全科技成果、知识产权归属和利益分享机制，进一步扩大员工持股比例。加快推动协同创新。加强与高校、科研院所的合作，共建国家级和市级研发机构。完善与央企、中关村企业合作机制，打造一批混合所有制高新技术企业。搭建开放式"双创平台"，孵化培育一批"特尖专精"的创新型企业，全力服务北京科技创新中心建设。

五是深化企业开放合作。紧紧围绕落实国家战略推动企业开放合作，更好服务国家和首都发展。立足北京汇聚发展合力。围绕落实北京新版城市总体规划，完善与各区的对接协作机制，不断提升"四个服务"水平。围绕全国科技创新中心建设，统筹利用国有企业资金、技术、土地等资源优势，在"三城一区"建设中发挥示范作用。围绕精准扶贫，推进产业合作、金融帮扶，以首善标准参与对口支援。辐射津冀推动协同发展。推动京津冀产业合作，重点加快产业转移承接平台建设，开展产业对接协作；以"三个最"的标准推进城市副中心建设，布局符合区域定位的产业；全力支持雄安新区发展，加强协同联动；做好北京冬奥会、冬残奥会筹办工作，加快重要基础设施建设，提高赛会保障和服务水平。面向世界服务国家战略。聚焦"一带一路"倡议，推动企业开放合作，更好服务国家和首都发展。加大抱团出海力度，参与"一带一路"沿线国家轨道交通、水务、环境等基础设施和市政公用设施建设。以培育关键性核心技术、引进先进管理经验为目标，开展国际合作。

六是加快完善中国特色的现代企业制度。更加尊重市场规律和企业发展规律，推动企业完善中国特色现代国有企业制度，加快形成市场化的经营机制。完善公司治理。落实把加强党的领导和完善公司治理统一起来的要求，充分发挥党组织领导的核心作用，切实保障董事会的决策权和经营层的经营管理权。加强董事会规范化建设，有序推进董事会选聘和经理层管理，积极开展兼职外部董事市场化选聘和管理，提升董事会的运行效率和决策水平。加强企业监督力量的整合，实现党的监督与法人治理结构监督力量的有机融合。健全市场化经营机制。以推动国有企业与市场经济深度融合为导向，探索企业领导人员"去行政化"改革，实行任期制契约化管理。畅通现有经营管理者与职业经理人身份的转换通道，按照"市场化选聘、契约化管理、差异化薪酬、市场化退出"的要求，有序推进职业经理人制度建设。建立、健全与企业经济效益挂钩、能增能减的工资决定机制，充分调动企业职工的积极性。完善中长期激励机制。统筹运用员工持股、上市公司持股计划、科技型企业股权分红等中长期激励措施，探索建立跟投机制、"事业合伙人制"，实行具有激励导向作用的企业领导人员履职待遇措施。建立科学合理的容错机制，支持企业领导人员大胆探索、锐意改革。

七是强化监管，防止国有资产流失。不断改进监督方式、创新监督方法，提升监管的针对性和有效性。强化重点领域防控。聚焦重点企业、重点行业和关键领域开展"风险防控专项行动"，全面清理"三乱二高二低"问题，做好"三集中"。将降杠杆作为防风险的重点内容，强化行业风险提示和预警，确保市属企业资产负债率总体平稳。有效压缩企业层级，减少法人户数，确保压减指标圆满完成。完善企业内控体系。坚持制度化，健全评价指标、规范业务流程、强化结果应用，加快构建企业内控闭环工作机制；坚持法制化，加快推进法治国企建设，完善总法律顾问制度，加强合规管理体系建设；坚持信息化，大力提升企业信息化水平，实现管理现代化、精细化、智能化。强化责任追究，加快推进经济责任审计全覆盖，加强巡视巡察、纪检监督、审计监督等各项监督的协同配合，建立覆盖各级企业的违规经营责任追究体系，织密国有资产"安全网"。

八是全面加强国有企业党的建设。把贯彻党的十九大精神和全国国企党建会的部署要求结合起来，推动市属企业全面从严治党向纵深发展。落实管党、治党主体责任。把政治建设摆在首位，加强基层党组织建设，完善党建工作的责任制考核，自上而下经常性开展巡察检查，把管党、治党的主体责任一贯到底。推进干部人才队伍建设。坚持党管干部原则，选优配强各级领导班子，加大年轻企业领导人员培养力度，健全党管人才的领导体制和运行机制，逐步构建上下衔接、有效贯通的大人才工作格局。加强党风廉政建设。持续压实、压紧国有企业党组织的主体责任、纪检机构的监督责任。用好监督执纪"四种形态",坚决查处违纪违规问题,贯彻中央八项规定精神,驰而不息地纠正"四风",巩固风清气正的发展环境。

第十四章

金融业高质量发展研究

第一节　金融业高质量发展的内涵分析

党的十九大报告指出："我国经济已由高速增长阶段转向高质量发展阶段，正处在转变发展方式、优化经济结构、转换增长动力的攻关期"[①]，必须坚持质量第一、效益优先，推动经济发展质量变革、效率变革、动力变革。

高质量发展是经济发展质量的高级状态和最优状态。在理论上，高质量发展是以新发展理念为指导的经济发展质量状态：创新是高质量发展的第一动力，协调是高质量发展的内生特点，绿色是高质量发展的普遍形态，开放是高质量发展的必由之路，共享是高质量发展的根本目标。高质量发展是经济发展的有效性、充分性、协调性、创新性、持续性、分享性和稳定性的综合，是生产要素投入低、资源配置

---

① 习近平：《决胜全面建成小康社会　夺取新时代中国特色社会主义伟大胜利——在中国共产党第十九次全国代表大会上的报告》，人民出版社，2017，第 30 页。

效率高、资源环境成本低、经济社会效益好的质量型发展。在实践上，高质量的发展是中国经济发展的升级版，是通过质量变革、效率变革、动力变革来实现生产效率提升，以实体经济发展为核心，以科技创新、现代金融、人力资本协同发展的产业体系为基础，以市场机制有效、微观主体有活力、宏观调控有度的经济体制为特征。

经济发展质量的提高，不仅意味着资源创造的物质财富增多，还表现为：经济结构和产业结构的优化升级以及在技术水平不变的条件下，等量的资源可以使用更长的年限，从而保证人类有足够的时间寻找到替代资源、新的经营方式和先进的技术；可以有足够的资金支持科学技术的发明创造、提高教育水平、发展医疗卫生事业，从而提高人民的生活质量，改善被恶化的生态环境，转变落后的价值观念乃至文化习俗。因此，经济发展质量的内涵不仅包括数量的增加，而且包括质量的改善，是数量和质量的有机统一。[①]

当前，对高质量发展的评判主要依靠建立相应的指标体系，主流的指标体系主要有几种模式：复旦大学殷醒民教授主张五个维度——全要素生产率、科技创新能力、人力资源质量、金融体系效率、市场配置资源机制；同时，也有人主张用五大发展理念作为指标体制建立的五大维度；任保平教授主张用经济发展的有效性、协调性、创新性、持续性、稳定性和分享性六个维度来建立指标体制。殷醒民教授五个维度理论中的第一个维度便是全要素生产率；用五大发展理念作为指标体系的第一要素是创新发展，创新的本质是效率的提高；任保平教授主张的指标体系的首要维度也是有效性。可见，在上述广泛意义上的高质量发展的衡量指标中，效率都是最首要的要素，而效率的评判则一般从全要素生产率、投入产出比率等指标着手。当前，我国

[①] 任保平：《新时代中国高质量发展的判断标准、决定因素与实现途径》，《改革》2018 年第 4 期。

经济主要由农业、工业、服务业三大部门组成，而在这三大部门当中，工业和服务业占据主导，全社会的整体经济效率主要来自工业和服务业的效率提高。通过研究我们发现，根据美国经济学家鲍莫尔（Baumol）在1967年提出的"非平衡增长模型"，物质生产部门生产率的提升，促使非物质生产部门比重提高，从而降低经济增长速度。其原理是相对于物质生产部门，非物质生产部门（服务业为主）的生产率进步速度较慢，而随着物质生产部门生产率的不断提高，导致更多劳动要素流向非物质生产部门，反而使非物质生产部门的生产率处于下降或停滞的状态。[①]

从金融来看，金融是服务业的重要组成部分，金融服务业是竞争性服务业。金融业作为现代服务业有其特殊性，与普通服务业亦有区别。一方面，金融最主要的功能是通过资金跨期、跨部门的流动，从而实现对各类经济资源的分配，为全社会供血；另一方面，金融自身作为能耗低、效用高的知识、人才密集型产业，其自身的高质量发展是全社会高质量发展的重要环节。因此，根据上述分析，金融业效率提高与否的判定不应以生产率的不断提高为依据，换句话说，金融业高质量发展的判断也不应仅仅依靠劳动生产率或全要素生产率等指标。总结一下，业界专家学者对金融高质量发展的认识主要有几类。一是认为高质量的金融应具备普惠性、金融产品的精准性、金融与科技的深入融合性、风险自控能力。[②] 二是通过健全金融调控、金融组织、金融市场、金融监管、金融环境等五大体系来建设现代金融体系，从而实现金融的高质量发展。[③] 三是主张打造高质量的金融组织、

---

① 宋建、郑江淮：《产业结构、经济增长与服务业成本病》，《产业经济研究》2017年第2期。
② 刘竞、王蔚：《实现金融业的高质量发展》，《光明日报》2018年6月12日。
③ 何德旭：《金融高质量发展是新时代内在要求》，第二届中国经济学家高端论坛，中国杭州，2018年4月28日。

市场、基础设施、开放、治理等几大体系，从而推动金融的高质量发展。[①] 四是在打赢防范化解重大风险攻坚战的同时，从质量、效率、动力三个维度推动金融业高质量发展。[②]

我们理解的金融业高质量发展，应当坚持党的十九大报告提出的"质量第一、效益优先"原则，紧紧围绕北京城市战略定位，把握"舍"与"得"的辩证关系，深入实施非首都功能疏解，大力优化、调整金融产业结构，加快从聚集资源求增长到疏解功能谋发展的重大转变，服务构建高精尖经济结构。具体来说，应包含几个方面。一是有效服务实体经济，满足人民日益增长的美好生活需要。金融是实体经济的血脉，为实体经济服务是金融的天职，是金融的根本宗旨。金融应该能够最大限度地满足实体经济和社会公众对金融产品及金融服务的需求，并在服务社会、服务实体经济的同时，获得自身效益和效率的叠加。二是保持金融系统的安全稳定，降低风险的发生概率。金融业的高质量发展，一定是在牢牢守住不发生系统性金融风险底线的基础上健康发展。没有稳定性与安全性，效率和效益就无从谈起。因此，高质量的金融应该是能够主动防范和化解自身风险的金融，尤其是在金融创新日新月异、金融科技蓬勃发展的大背景下，有效提升金融风险的管控能力，主动防范和化解金融风险隐患，实现风险控制方式、方法的创新，建立起与金融资产、金融产品创新相适应的风险防范、化解体系，这将成为金融业高质量发展的必然选择。三是具备与时俱进的现代性。高质量的金融应对标国际标准，提升各类金融机构的内部管理水平和金融发展体制、机制，使其与国家经济发展水平相匹配。能够针对不同的客户群体，提供多样化、个性化、差异化的金融产品与服务，具备成熟的国际化程度和较高的对外开放水平。同

---

① 郭新明：《推动新时代金融高质量发展》，《中国金融》2018 年 10 期。
② 王一鸣、益青：《实现高质量发展需要三个转型》，《经济日报》2018 年 3 月 1 日。

时，能够根据技术的创新选择最有效、最便捷的发展路径。

第二节　金融业发展现状及京沪深
三地比较分析

一　北京金融业的基本情况

北京金融业发展历史源远流长。1905 年，清政府在北京设立大清户部银行，这是中国现代金融机构的发端，也是中国有史以来第一家"中央银行"。1918 年，中国第一家证券交易所北平证券交易所在北京成立，北京成为中国金融中心。新中国成立后，北京现代金融业在改革开放后不断发展壮大。以 1984 年中国工商银行从中国人民银行分立为标志，农业银行、建设银行等一系列各类新金融机构在北京设立，奠定了北京金融体系的基础。20 世纪 90 年代以来，北京金融业取得了长足的发展。目前北京已形成全业态的金融机构体系、多层次的金融市场体系、立体化的金融服务体系，金融业发展独具特色。2012～2017 年，金融业增加值年均增长 13%，对北京经济的贡献率达 26.4%，快于全市 GDP 增速（见图 1）。2017 年，北京金融业增加值已达 4634.5 亿元，占全市地区生产总值的比重达 16.6%，对全市经济增长贡献率达 17.6%。2017 年末，北京金融业资产总计达 136.6 万亿元。2017 年，中国金融中心指数第 9 期北京排名第 2 位，综合竞争力得分为 178.38 分。全球金融中心指数（GFCI）第 22 期北京排名第 10 位，综合得分为 703 分，较上年同期上升 16 位（见图 2）。金融业已成为带动北京经济和财政收入增长、构建"高精尖"经济结构的第一支柱产业。

当前，北京金融业具备得天独厚的发展优势。

（1）对金融的社会需求巨大。从北京城市建设发展方面来看，城

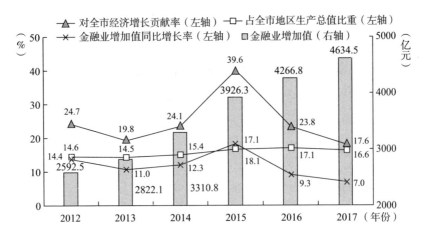

图1 2012~2017年金融业增加值占GDP比重

图2 2013~2017年北京得分及排名

市副中心、新机场、冬奥会等一批重大项目建设，42.5万家中小企业、2170.7万人常住人口的金融供给和金融服务需求巨大。从区域辐射带动方面看，新版城市总体规划"一核两翼"的布局为北京金融业发展提供了新的巨大需求。

（2）金融业与北京经济结构高度契合。2017年，北京实现了地区生产总值2.8万亿元，其中，第一产业为120.5亿元，占比0.4%；第二产业为5310.6亿元，占比19%；第三产业为22569.3亿元，占比80.6%，服务型经济特征进一步稳固。随着北京作为国家服务业扩大开放综合试点城市向纵深发展和国家金融开放的逐步推进，北京金融业在经济中的支柱性地位将进一步巩固。

（3）金融管理中心功能突出。新一轮国家机构改革后形成的国务院金融稳定发展委员会、中国人民银行、中国银行保险监督管理委员会、中国证券监督管理委员会全部设在北京。中国的宏观经济和金融决策从这里发出，影响着中国，传递到世界。

（4）具有总部经济与总部金融的规模优势。截至 2017 年末，北京拥有总部企业 4064 家，其中世界 500 强总部 56 家，连续 5 年位居全球第一，总部优势十分突出。北京金融机构高度聚集，在世界 500强 112 家上榜金融机构中，有 20 家来自中国，其中 11 家来自北京。中国三大政策性银行、四大国有商业银行、四大金融资产管理公司、三大保险公司总部全部聚集在北京。亚投行、丝路基金、亚洲金融合作协会、中非基金等国际金融组织相继在京设立，北京作为中国国际金融大本营的格局初步形成。

（5）具有强大的金融人才培养和金融研究能力。北京地区高校数量和质量居全国首位，聚集了 91 所高校，其中 8 所"985"大学、26所"211"大学，北京还拥有各类商学院、金融学院来服务高端金融人才，帮助拓展精英人才的专业和国际视野，加之高水平的经济金融智库齐聚，使北京成为中国金融研究的重心。

二 京沪深三地金融业发展的比较分析

2018 年 9 月，第 24 期"全球金融中心指数（GFCI 24）发布会"在广州召开。该指数从营商环境、人力资源、基础设施、发展水平、声誉及综合等方面对全球重要金融中心进行了评分和排名。其中，上海排名第 5 位，北京排名第 8 位，深圳排名第 12 位。可以说，目前上海、北京和深圳都已跻身全球金融中心城市，是国内金融行业聚集度高、业态成熟的主要城市。下面，我们主要从金融发展环境和金融发展水平两个方面来比较三地的金融业。

（一）金融发展环境比较

影响金融发展环境的因素较多，这里我们仅列举几项比较重要的金融发展环境因素：GDP 及同比增速，第三产业增加值占比，普通高校毕业生数，每千人拥有卫生技术人员数，空气质量优良率，居民消费价格水平上涨率。以 2017 年为例，三地上述因素指标如表1 所示。

表 1　2017 年北京、上海、深圳金融发展环境因素指标

指标	GDP（万亿元）	GDP 同比增速（%）	第三产业增加值占比（%）	普通高校毕业生数（万人）	每千人拥有卫生技术人员数（人）	空气质量优良率（%）	居民消费价格水平上涨率（%）
北京	2.8	6.7	80.6	23.8	12.76	61.9	1.9
上海	3.1	6.9	69	17.5	7.77	75.3	1.7
深圳	2.24	8.8	58.6	2.53	6.8	94	1.4

从上述简单比较不难看出，在金融业发展环境上，北京的整体发展环境较为良好，经济总量虽略低于上海，但第三产业增加值的占比具有绝对优势，服务业整体发展水平较高，为金融业的高质量发展提供了广阔的空间。同时，可以看出，北京在教育、医疗等公共服务和保障方面也具备较为明显的优势，教育的优势为金融行业高质量发展提供了大量的人才资源，而医疗卫生的优质资源则解决了金融行业从业者的后顾之忧。

与此同时，我们仍要认识到，从经济增长的活力上看，深圳的GDP 增速依然保持强劲态势，经济发展活力充沛，这也是我们推动高质量发展、探索新动能的原因之一。另外，上海、深圳两个城市在消费价格、居住（办公）成本和环境质量方面也较北京更为优越，为了

提供更好的金融发展环境，我们在这些方面仍需下大力气，争取切实的改善。

（二）金融发展水平比较

影响金融发展水平的因素也十分复杂，以 2017 年末数据为例，我们主要通过以下几个方面的比较来做初步的判断。

从表 2 我们不难看出，从整体上看，上海金融业增加值、增速、GDP 占比均居三地之首，北京次之。上海金融业能在体量庞大的情况下保持高速增长，说明其仍具备较强的创新活力。在社会融资规模方面，参考近年来的数据会发现，北京社会融资规模逐年下降，但上海逐年上升，这导致到 2017 年，沪深规模均已超过北京。可喜的是，北京的金融资产总额远高于沪深，总部优势显著。

表 2　2017 年北京、上海、深圳金融发展水平指标

	指标	北京	上海	深圳
整体指标	金融业增加值（亿元）	4634.5	5330.54	3059.98
	金融业增加值增速（%）	7	11.8	5.7
	金融业贡献率（%）	16.6	17.69	13.6
	持牌金融机构数量（家）	707	1537	—
	金融机构总资产（万亿元）	137	14.8	—
	社会融资规模（亿元）	8255.3	11748.4	10247.4
银行业	本外币存款余额（万亿元）	14.4	11.25	6.97
	本外币存款余额增速（%）	4.1	1.8	8.2
	本外币贷款余额（万亿元）	6.96	6.72	4.63
	本外币贷款余额增速（%）	9.1	12	14.3
	不良贷款率（%）	0.37	0.57	1.07
	法人机构数（个）	118	207	35
	资产总额（万亿元）	22.2	14.7	8.4

续表

	指标	北京	上海	深圳
证券业	上市公司数（家）	306	279	273
	证券公司数（家）	18	20	22
	基金公司数（家）	32	44	27
	期货公司数（家）	19	28	14
	证券市场各类证券成交额（万亿元）	44.63	420.88	81.43
保险业	保险机构数量（家）	46	55	25
	保险密度（元/人）	9085.3	6562.8	8219
	保险深度（%）	7.1	5.3	5
开放性	外资法人银行数量（家）	9	20	5
	外资法人金融机构（家）	42	—	—
普惠性	小微企业贷款余额同比增长（%）	16.9	15.6	23.2
	小微贷款占全部企业贷款比重（%）	—	29.9	9.7
	新型农村金融机构数量（家）	39	154	47
	新型农村金融机构资产（亿元）	244	273	357
金融科技	金融科技企业数（家）	3431	2776	2525
	毕马威中国金融科技50强（家）	21	14	8
绿色金融	绿色贷款余额占比（%）	13.1	—	27.1
	当年绿色债券发行金额（亿元）	935	220	83（广东省）
	碳市场配额累计成交量（万吨）	2013	2694	2427
人才	金融从业人员（万人）	52.6	36	16

在银行业方面，北京在银行业总资产方面有明显优势，但法人机构数量仍远少于上海。北京存贷款规模高于沪深且整体杠杆较低。同时，北京的不良贷款率远低于沪深，银行拨备覆盖率较高，抵御风险能力较强。

在证券业方面，上海基金、期货业规模优势明显，北京证券、基金与期货业较沪深差距较大。虽然北京的上市公司数量最多，但北京在各类机构数量、证券公司总资产、基金公司资产管理规模、期货代理交易额等方面均不占优势。北京在证券业与沪深两地的差距对整体金融发展水平产生了较大影响。

在保险业方面，北京保险深度、保险密度均远高于沪深，保险业发展的成熟度较高。

在金融市场方面，北京在产权交易市场发展方面走在全国前列。2010 年以来，北京金融资产交易所、中小企业股份转让系统（"新三板"）、北京股权交易中心（"四板"）陆续挂牌成立，北京的多层次资本市场逐步完善，但与上海相比，北京的金融市场层次仍然较为单一。

上海在金融市场方面的比较优势十分明显。一方面，上海拥有包括货币、债券、股票、外汇、期货、黄金和金融衍生品在内的各类市场，是全球金融要素市场最齐备的城市之一；另一方面，上海各类要素市场发展较为全面，在国际上也具备了较强的竞争力。截至 2017 年末，上海金融市场交易总额达 1428 万亿元，直接融资总额达 7.6 万亿元，占全国直接融资总额的 85% 以上。

深圳金融市场的比较优势主要体现在股票市场，形成了主板市场、中小企业板市场、创业板市场以及 OTC（非上市公司股份报价转让系统）市场协调发展的多层次资本市场体系架构，比上海股票市场更为完备。其中，中小企业板市场、创业板市场和 OTC 市场为深圳独有且成长十分迅速。

在金融开放程度方面，由于上海、深圳多年自贸区的历史条件，加之上海打造国际金融中心的城市定位，使上海在金融开放方面表现更出色，集中了全国超过一半的外资法人银行和众多外资金融机构在华设立总部。

在新金融方面，北京在金融科技、绿色金融方面实力较强，尤其是在金融科技方面，不仅在总体数量上占优，还聚集了众多独角兽企业，规划了数个金融科技产业园区，为国内外金融科技机构聚集发展提供了优渥的土壤。而深圳则在普惠金融方面做了许多有益尝试，这一点值得北京借鉴和学习。

在人才保障方面，北京有全国最多的高等院校，有极强的人才吸引力，金融从业人员数量也居全国首位，为金融业高质量发展输送了高质量的人才资源。

三 北京金融高质量发展的短板

（1）金融发展后劲有待进一步增强。[1] 一是原有领先优势在弱化。受各地政策利好吸引，部分现有金融机构及上市公司、挂牌公司注册地外迁，一批新设金融机构选择到其他发达城市注册，北京金融发展面临空心化，衡量金融业发展的指标，如增加值增速等在回落。二是金融业新的增长动力有待培育。虽然北京在金融科技等领域有科技和金融的双重优势，但在初创期、成长期企业的培育，金融科技产业园的规划建设等方面仍需加强。在财富管理、绿色金融、文化金融等新兴金融领域的资源优势发挥，政策支持力度还有待提高。三是金融人才占比仍然偏低且提高不快。国际金融中心城市的金融从业人员一般占本市人口总量的10%以上，区域性国际金融城市金融从业人口

---

① 张幼林：《北京金融"怎么看？""怎么办？"》，《北京社会科学》2017年第10期。

也会达到 5%。按照市统计局公布的最新数据，截至 2017 年末，北京市金融业从业人员为 52.6 万人，仅占全市常住人口总数的 2.42%，高端金融人才和国际化金融人才则更为短缺。

（2）金融发展环境有待进一步优化。虽然通过近两年的努力，尤其是随着"9+N"系列政策的出台，北京的营商环境大幅度提高，在 2018 年的全国 22 个营商环境试评价城市中，北京排名第一。在金融领域，虽然出台了关于加快培育和发展北京现代金融服务业等针对性较强的政策措施，但从国际比较来看，北京与伦敦、纽约、新加坡等国际金融中心在商务环境、金融基础设施等软环境建设方面尚存在较大差距。北京在提供人才医疗住房保障、子女教育、改善城市环境、降低生活成本等方面，还需要加大力度。

（3）金融市场体系有待进一步健全。虽然新三板落户北京，使得北京拥有了第三家全国性证券交易场所，但新三板目前还处于起步和探索阶段，交易活跃度和国际化水平不高，分层和退出制度还不健全，与相对成熟的沪、深成熟交易所市场的发展差距明显。

（4）金融助推北京经济转型升级的作用有待进一步加强。一是通过金融手段支持北京非首都功能疏解、助力北京经济转型升级的作用仍不突出。京津冀差异化金融政策不明显，三地金融发展水平不均衡，京津冀经济金融协同发展水平依然很低，尚未形成有效合力。二是金融在支持"大城市病"治理、服务副中心建设、助力和谐宜居之都建设等方面有待进一步发力，普惠金融水平不高，打通金融服务"最后一公里"的体制机制有待建立并完善。

第三节　推动金融业高质量发展的政策建议

推动北京金融业高质量发展，首先要找准金融业与北京"四个中心"城市战略定位的关系。

落实政治中心定位，就是要发展国家金融。要有国家意识、大局意识和首都意识，为中央金融管理部门、大型金融企业、重要金融基础设施在京运行发展做好服务，打造金融创新发展和安全稳定的首善之区，引领全国金融业发展，保障国家金融体系安全运行。

落实文化中心定位，就是要发展文化金融。文化与金融融合发展已成为文化产业持续健康发展的重要动力，也是金融业健康发展的内在要求。需要通过文化与金融的深度融合，促进物质文明和精神文明协调发展，将文化金融打造成为北京金融业新的增长点。

落实国际交往中心定位，就是要发展国际金融。近年来，北京金融业国际化程度不断提高，一大批国际金融组织、国际金融机构全球总部或中国区总部落户北京。要把握国家金融开放大局，引入国际金融机构竞争活水，提升国际金融话语权，彰显国际交往中心的地位。

落实科技创新中心定位，就是要发展科技金融。北京科技金融创新中心建设已上升为国家战略，要落实全国科技创新中心战略定位，就是要发挥北京科技资源和金融资源的双重叠加优势，形成科技金融聚合效应，形成创新驱动发展的新格局。

结合上述分析，我们认为，推动北京金融业高质量发展要从以下几个方面着手。

一 提高金融服务实体经济的效率与水平

（1）积极完善国家金融管理中心功能。做好对国家金融管理部门、国家金融基础设施和中央金融机构的服务。优化提升金融街服务保障功能，推动金融街与丽泽金融商务区一体化发展。加强对金融街周边疏解腾退空间资源的有效配置，进一步优化聚集金融功能。办好金融街论坛等品牌活动，促进金融同业深入交流合作。

（2）全面推进金融服务京津冀协同发展。发挥金融对生产要素配置的促进作用，服务非首都功能疏解。支持金融机构设立京津冀协同发展事业部，形成覆盖全区域、全功能的金融服务网络。鼓励金融机构在交通一体化、生态环境保护和产业升级转移等重点领域提供综合金融服务。

（3）加大金融对北京城市发展建设的支持力度。围绕城市副中心、北京大兴国际机场、2022年北京冬奥会和冬残奥会等重大建设项目，进一步完善投融资项目对接和综合服务机制。支持金融机构创新金融产品和服务，加大对棚户区改造、城市基础设施建设、住房租赁等重点领域的支持力度。鼓励金融机构利用公司债券、保险资产管理计划、产业投资基金、资产证券化等金融工具，为北京重大项目提供长期稳定的资金支持。

（4）支持上市公司全产业链发展。加大政策支持力度，发挥投资银行、交易所和中介机构的作用，完善企业上市联动机制。发挥政府引导基金、并购基金和上市公司产业联盟的作用，加强上市公司产业服务功能，培育"高精尖"产业链龙头上市公司和产业集群。

（5）建设中关村国家科技金融创新中心。服务全国科技创新中心建设，以中关村国家自主创新示范区和"三城一区"为抓手，建设覆盖全市、服务京津冀、辐射全国的科技金融服务体系。深化投贷联动试点，支持试点银行设立全资投资子公司，探索科技金融组合服务模式。大力发展天使投资、创业投资、股权投资基金和母基金，发展产业投资基金，建设中关村西区科技金融一条街和创业投资聚集区，打通资本与创业对接的"最后一公里"。鼓励保险机构开发适合科技创新特点的保险产品。

（6）积极引领金融科技创新。顺应移动互联网、大数据、区块链、云计算、人工智能等信息技术创新与金融业深度融合的发展趋势，规范发展大数据征信、云金融、智能金融等金融科技新业态，培育发展一批运作规范、内控良好、技术领先的国际一流金融科技公司。支持金融机构运用金融科技提升风险识别能力、产品研发能力和业务拓展能力，构筑北京金融新优势。

（7）加强文化金融创新发展。服务全国文化中心建设，完善文创金融服务体系。推动以文创银行、文创保险为特色的文创金融服务模式创新，加大对文创企业的直接融资服务，支持区域性股权市场设立文创板。鼓励设立文化创意产业投资基金，促进文创领域投贷联动。鼓励保险机构加强文化产业保险产品创新。支持创建国家文化与金融合作示范区，在文创金融方面先行先试。

（8）构建绿色金融服务体系。加强政策引领，支持金融机构设立绿色金融专营机构。发展绿色担保体系，支持发行绿色债券。鼓励保险机构创新绿色保险产品和服务，推动环境污染责任保险试点。设立绿色发展基金，支持以PPP模式操作的相关项目。大力发展碳金融，发展排污权、水权等环境权益交易和融资工具创新。加强绿色金融统计评价和政策评估，形成支持绿色项目的激励机制和抑制高污染、高能耗项目的约束机制。

（9）提升普惠金融服务水平。鼓励金融机构采取事业部、专营机构、子公司等形式，健全普惠金融组织服务体系。规范发展小额贷款公司、融资担保公司和互联网金融等普惠金融机构，拓宽融资渠道，完善担保再担保体系，设立融资担保基金。大力发展数字普惠金融，推动财富管理、消费金融、小微金融、互联网金融、便捷支付协同发展。优化农村支付环境，进一步提升农村金融服务的便利性。支持开展"期货+保险"业务，提高农业保险风险管理水平。

（10）提升金融参与社会治理能力。探索建立特大城市保险保障体系，鼓励保险机构开发各类商业养老保险产品，投资养老服务产业，探索住房反向抵押养老保险服务。鼓励保险机构发展医疗责任保险、食品安全责任保险、旅行责任保险、特种设备责任保险等产品和服务，大力发展安全生产责任保险。发展再保险体系和巨灾保险。积极支持北京银行保险产业园先行先试。支持保险资金参与创新创业、

"高精尖"经济结构和重大项目建设。

二　有效防控金融风险

（1）加强地方金融监管。把加强地方金融监管和风险防控摆在各级党委政府的重要位置，坚持所有金融业务都要纳入监管，实现监管全覆盖。加强对小额贷款公司、融资担保公司、区域性股权市场、典当行、融资租赁公司、商业保理公司、地方资产管理公司等机构的监管。强化对辖区内投资公司、开展信用互助的农村专业合作社、社会众筹机构、地方各类交易场所的监管，提高准入门槛，严格限定经营范围。加强行业制度规则、行业标准和监管制度规则建设，丰富完善监管手段。支持各行业建立风险准备金、投资者保护基金等风险缓释制度，强化市场化、法治化的地方准入金融机构风险处置和退出机制。

（2）完善金融风险监测预警体系。加强地方金融监管基础设施建设，建立地方金融监管系统和全息大数据可视化的金融风险监测预警平台，积极对接国家金融监管部门监管信息平台。加强地方金融运行和风险状况的统计分析，运用"冒烟指数"开展区域金融安全、稳定评价。加强对交叉性金融业务和跨市场、跨区域、跨业态的金融产品的监测分析。

（3）建立互联网金融风险防范长效机制。建立以产品登记、信息披露、资金托管为主要内容的互联网金融风险防控体系。支持行业自律，制定行业标准，完善惩戒机制，加强风险教育、风险警示和风险处置。支持银行开展互联网金融资金存管服务。开发建设网络借贷业务监管系统。加强互联网金融安全产业发展，高水平建设互联网金融安全产业园，开展监管科技创新。

（4）规范交易场所行业秩序。落实国务院关于清理、整顿各类交易场所的工作部署，按照"总量控制、合理布局、审慎批准"的原则，调整优化各类交易场所结构。加强交易场所日常监管和规范发展，建立健全交易场所多维度监管体系。发挥行业协会在风险提示、投资者教育、高管培训等方面的积极作用。完善全市统一登记结算平台功能，实现交易产品全面登记、交易过程实时监控、资金交易统一结算。

（5）有效防范传统金融领域风险扩散蔓延。加强房地产市场金融调控，落实差别化住房信贷政策，整顿房地产市场金融秩序。加强政府债务规模限额管理，严格限定举债程序和资金用途。查处违法、违规融资担保行为，坚决制止"名股实债"等变相举债。将政府债务纳入政绩考核，加强全口径政府债务监测管理，各区政府对本区内政府债务规模负责。

（6）严厉打击非法集资。按照"谁审批、谁监管，谁主管、谁监管"和管行业必管风险的原则，落实金融监管部门、行业主管部门和属地政府责任。完善类金融机构准入会商机制，加强对类金融机构、金融活动、金融产品和金融服务的真实性、合法性甄别，对涉嫌非法集资企业采取限制措施。坚持打早、打小，加强对非法集资案件线索的侦办、起诉和审判工作。开展群防群治，完善群众举报涉嫌非法集资线索奖励制度，加大对被举报线索核查处置力度，全面构建政府组织、社会联动、全民参与的打击非法集资社会共治体系。

（7）强化金融消费者权益保护。坚持"卖者尽责，买者自负"的原则，进一步规范理财产品销售行为，加强风险提示和信息披露。探索建立互联网金融消费者权益保护组织，坚决打击销售、误导等侵害消费者合法权益的行为。深入开展金融知识普及宣教活动，发挥好金融类博物馆启蒙教育的功能。加强金融案件警示教育，不断扩大受众面，提升宣传质量和效果。

（8）健全金融应急和维稳处置工作机制。建立、完善金融安全应急处置机制，定期组织跨区域、跨部门会商研判和应急演练。建立信息沟通和重大决策社会稳定风险评估机制，加强政府部门与金融机构的信息共享和执法协查机制，加强对高风险企业、高风险金融活动的综合研判，及时管控化解风险。落实属地维稳职责，积极化解社会矛盾。

三　深入推进金融改革开放

（1）全面支持国家金融改革。积极承接国家金融改革创新落地，全面对接中央金融机构改革发展，支持中央金融机构做大做强。积极支持并服务市场交易、登记结算、支付清算、信息统计等国家金融基础设施平台在京的设立和发展，做好对国家金融基础设施运行安全的服务保障。

（2）深化地方金融管理改革。按照中央关于深化金融管理体制改革的统一部署，积极推进地方金融管理体制改革，完善地方金融监管机构，履行地方金融监管职责，加强监管力量，充实人员队伍，赋予监管手段，负责地方金融机构的风险防范处置。深入推进市属国有金融企业改革，完善治理机制，强化股权管理，实现上市发展，拓宽资本补充渠道，推动国有金融资本做大做优做强，提升核心竞争力和风险防控能力。

（3）完善北京金融组织体系。发展金融控股集团、大数据金融和金融云服务平台，支持金融机构完善公司治理，提升资产质量，强化内部控制，提高运营效率，打造国际影响力和行业竞争力。推动设立民营银行，引导民营银行差异化定位、特色化发展。

（4）完善北京多层次金融市场体系。服务好"新三板"市场创新发展，完善市场功能，提高"新三板"市场服务创新、创业能力，支持全国科技创新中心建设。积极支持本市区域性股权市场规范、健康发展，参与多层次资本市场建设，打造支持中小微企业发展的政策集成和综合服务平台。支持机构间私募产品报价与服务系统的创新发展，打造功能完备的互联网私募金融市场。发挥债券市场基础设施平台优势，强化债券市场功能。

（5）全面扩大北京金融对外开放。服务国际交往中心建设，把握国家金融业扩大开放的新机遇，深化服务业、扩大开放综合试点，按照国家金融开放统一部署，放宽金融业外资持股比例，支持国际金融机构在京设立独资或合资机构，支持支付清算、信用评级等国际金融组织在京发展，为外资金融机构进入国内市场提供优质高效服务。鼓励金融机构为企业"走出去"提供跨境金融服务。实行"产业开放＋园区开放"模式①，突出金融街国家金融管理中心功能和总部金融优势，保障国家金融运行安全；突出CBD（中央商务区）国际金融功能集聚地，积极发展外资金融，提升金融国际化水平；强化中关村西区科技金融功能，建设科技金融创新中心；强化丽泽金融商务区新兴金融产业功能，与金融街一体化发展；强化城市副中心服务于京津冀协同发展的金融功能，支持在京金融管理部门派出机构在城市副中心完善监管功能，支持开展财富管理、金融科技、绿色金融创新；支持各区结合自身发展定位和产业特色建设高水平、有特色、高质量的金融功能区。

（6）积极做好"一带一路"金融服务。支持亚洲基础设施投资银行、丝路基金、亚洲金融合作协会等国际金融组织和平台在京发展。鼓励金融机构在"一带一路"沿线广泛布局，鼓励金融机构通过银团贷款、设立海外投资基金、提供资本市场服务等方式，支持企业在"一带一路"发展，建设"一带一路"综合金融服务平台，建设好"一带一路"金融大本营。②

---

① 殷勇：《将继续深化新一轮金融开放》，2018年中国银行保险业国际高峰论坛，中国北京，2018年9月27～28日。

② 霍学文：《北京是"一带一路"金融机构大本营》，《中国城市报》2017年5月22日。

第十五章

营商环境高质量发展研究

营商环境是指企业从开办、运营到注销整个周期中各种外部环境的总和。建立公平透明、可预期的营商环境是经济高质量发展的基础，只有深化"放管服"改革，构建新型政商关系，改善企业投资发展环境，才能使资本与人力对创新的投入得到应有的回报，最大限度地激发市场活力和社会创造力，使经济发展和结构优化获得持久动能。优化营商环境是一场整体性、全覆盖、普惠性的改革，不是为某些特定企业提供特殊帮助和保护，而是无差别地为企业特别是广大中小微企业松绑减负，降低企业制度性交易成本，这一过程的关键在于提升广大群众和企业的获得感，持续优化经济生态。

第一节　营商环境的评价标准

营商环境涉及经济发展环境、政府服务环境、社会法治环境和政治生态环境等方方面面，评价标准也非常宽泛。世界著名的营商环境评价指标体系有三个。一是世界经济论坛从 1979 年开始，每年都发布《全球竞争力报告》，以全球竞争力指数为基础，对各个国家的经济制度、基础设施、宏观经济环境、健康保障与基础教育、高等教育与职业培训、商品市场效率、劳动力市场效率、金融市场成熟度、市场规模、商业成熟度及创新能力进行评估排名。二是经济学人智库（The Economist Intelligence Unit，EIU）每5年发布一次《营商环境排名》，对82个国家的政治环境、宏观经济环境、市场机会、政府对自由市场及外国投资的政策、外贸和外汇管制、税收、融资、劳动力市场和基础设施等十大领域的发展质量和吸引度进行排名。三是世界银行从2002年起，对全球190个经济体开展营商环境评价，经过多年探索、整理和归纳，从最初的5项一级指标（开办企业、员工聘用与解聘、执行合同、获得信贷和办理破产）、20项二级指标，逐步扩展到现在的10项一级指标、43项二级指标。该指标体系也是世界上较为完善且被广泛认可的一套衡量标准。这些重要指标分别是"办理施工许可证、纳税、开办企业、保护少数投资者、获得电力、跨境交易、获得信贷、解决破产、登记财产、执行合同"。第一类是侧重于衡量企业全生命周期的运行情况和费用支出，包括开办企业、办理施工许可证、获得电力、登记财产、纳税等指标；第二类是侧重反映对企业的法治保障程度，包括获得信贷、保护少数投资者、执行合同、破产办理等指标；第三类是侧重反映国际化的程度，主要指跨境贸易。

国家发改委在2018年，从衡量企业全生命周期、反映城市投资吸引力、体现城市高质量发展水平三个维度，初步构建了中国特色、国际可比的指标体系。指标体系完整地吸收、借鉴了世界银行的指标，评价术语完全沿用世界银行指标表述，评价指标落实到可量化可比较的程序、时间和费用上。评价计算方法与世界银行完全一致，采用国际通用的前沿距离得分法和营商便利度排名，按等权重方法进行计算。同时，剔除了与国情明显不符的内容，叠加了符合中国国情的评价指标，例如获得用水、获得用气等指标，更加完整地反映了企业从开办到注销的生命周期全链条，能够综合评估投资贸易便利度和长期投资吸引力、客观衡量城市高质量发展水平。此外，我国营商环境评价更加强调实际案例支撑，使获取数据采用实际填报与模拟填报相结合、交叉验证与第三方核验相印证，数据真实、准确、可用。

第二节　优化营商环境的主要做法和亮点

一　主要做法

党中央和国务院高度重视优化营商环境。习近平总书记多次指出，要改善营商环境和创新环境，降低市场运行成本，提高运行效率，提升国际竞争力，要求北京等特大城市率先加大营商环境改革力度，营造稳定公平透明、可预期的营商环境，加快建设开放型经济新体制。李克强总理也指出，优化营商环境不仅是当前政府改革的一个着力点，也是经济发展最大的潜力所在，优化营商环境就是解放生产力，就是提高综合竞争力。北京市委、市政府按照党中央和国务院的部署，坚持把营商环境改革作为加快政府职能转变、建设现代化经济体系、促进高质量发展的重要抓手。2017 年 9 月，国家出台了《关于率先行动改革优化营商环境实施方案》（以下简称《实施方案》），从投资环境、贸易环境、生产经营环境、人才环境、法治环境 5 大方面，推出 26 项改革措施和 136 条政策清单，系统部署改革任务。

2018 年 3 月，北京市根据《实施方案》，聚焦办理施工许可、企业开办、纳税、获得电力、跨境贸易、获得信贷、登记财产等重点环节，制定出台了 9 项主要政策和 N 项配套措施，紧紧围绕"三精简一透明"原则，即精简环节、精简时间、精简费用、增加透明度，创新服务方式，优化服务流程，降低企业成本，努力为企业创造审批最少、流程最优、效率最高、服务最好的营商环境。"9 + N"政策出台后，市领导带头抓政策落地实施，成立了

10 个督查组，专项督查营商环境的政策落实情况。

2018 年 6 月，北京市又将企业和群众获得感作为衡量改革成效唯一标准，编制出台了《进一步优化营商环境的三年行动计划》，提出了 22 项任务措施，分三个年度形成了 298 项具体任务清单，加快建设全市统一的信用信息平台、全市统一联通的线上线下政务服务大厅、全市统一的企业服务和重大项目平台、全市统一的企业法人服务卡、全市统一的投资项目代码以及全市统一的政务服务标准规范"六个统一"的智慧型政务服务体系。全面实施北京效率、北京服务、北京标准和北京诚信"营商环境四大示范工程"，推行审批服务"马上办、网上办、就近办、一次办"，扁平化、简易化、智能化，强化事中、事后法律监管和信用监管，全面优化提升企业和群众办事体验。

2018 年 8 月，北京市发布《全面深化改革　扩大对外开放重要举措的行动计划》，从便民、提效、人才、商事改革等多方面推出优化营商环境的 29 条举措。

二　取得的成效和亮点

经过一年多紧锣密鼓的改革，北京市营商环境取得了阶段性成果和历史性突破，在世界银行营商环境排名落后的开办企业、办理施工许可、获得电力、保护中小投资者、纳税、跨境贸易 6 项指标和财产登记情况得到了大幅度改善，排名明显提升。"多规合一"协同平台、北京（天津）口岸公布"一站式阳光价格"清单、国网北京公司实行"三零"服务等改革措施，形成了全国范围可推广、可复制的经验做法。

在开办企业方面，实现了工商登记"全程电子化"，"智能化""个性化""实名制"在线办事，将企业开办从 7 个环节压缩到 2 个，减少了 71%，实现新企业办理时间从 24 天缩短到 5 天、压缩了近80%。免费为企业提供刻制公章服务，预计每年将为企业减轻负担

6000 万元。

在办理施工许可方面，通过构建"多规合一"协同平台预沟通预协调机制、精简审批前置条件实施分类施策管理、构建"多图联审"和"多验合一"工作机制，社会投资建设项目办理时限从原来的 109 个工作日压缩至 45 个工作日以内。

在获得电力方面，取消了小微企业内部工程图纸审核及中间检查，使办电环节由原来的 6 个减少到 2 个。掘路审批由串联向并联转变，低压电力接入办理由原来的 141 天压缩至 25 天以内。开展了小微企业"零上门、零审批、零投资""三零"专项服务行动，将低压供电容量由 100 千瓦提升到 160 千瓦，表箱及以上设备设施投资由供电企业全额承担，为客户节省外电源投资约 12 亿元。

在纳税办理方面，实现了纳税事项全市通办。通办范围包括税务登记、税务认定、发票办理、申报纳税、优惠办理、证明办理、纳税咨询 7 大类 300 多个事项。对于即办类事项，任一窗口受理，在办理地税务机关一次办结；对于流转类事项，任一窗口受理、电子流转属地、节点限时办结、任一窗口出件。截至目前，日常涉税业务 90% 以上可以上网办理，网上申报占 99% 以上，网上办税业务量占 92% 以上。西城区综合行政服务中心还推行首家政务大厅"全程预约办税"服务模式，纳税人可提前通过微信进行预约，在约定时间抵达现场即可办理税收业务，无须再排队。

在项目竣工验收方面，实现了项目竣工联合验收网上限时办理。规划、消防、人防、档案等多部门参与限时联合验收，统一竣工验收图纸和验收标准，统一出具验收意见，明确联合竣工验收的具体参与部门、验收事项及验收流程，实现项目验收"五位一体"（统一平台、信息共享、集中验收、限时办结、统一确认）和"六网合一"（网上申请受理、网上信息流转、网上资料核验、网上同步办理、网上限时办结、网上效能督查）。验收办结从 1～3 个月缩短到 7 个工作日内完成。

在财产登记方面，通过开展"一窗受理"改革，推广"互联网＋不动产登记"、简化房屋交易程序等措施，实现购房资格审核时限缩短为1天，不动产登记事项办理时限由10天压缩到5天内办结。丰台区登记中心还进行"一窗受理"试点，地税局、住建委、规土委三家联合在不动产登记大厅内设立"一窗办理"综合服务窗口，当场完成签约、缴税、过户等办理环节，确保房屋交易"最多跑一次"。同时，全市各区开展了申请办理不动产登记业务网上预约以及不动产权属证书邮寄服务。

在跨境贸易方面，针对北京市跨境贸易跨区域、跨事权职责的特点，京津两市建立了联动工作机制。由京津商务部门签发的自动进口许可证、出口许可证的审批时限由原来3~5天压缩到1天，发布了天津口岸"一站式阳光价格"清单，做到收费规范透明。天津海关进口通关时间为7.53小时，比以前缩短了7.67小时；出口通关时间为0.27小时，比以前缩短了0.57小时。天津港口岸进出口集装箱通关物流大幅提速，集装箱船舶平均作业时间不超过20小时。企业反映，一个集装箱可节省物流成本400~500元，节省时间12~24小时。

在市政接入方面，实现"一站"办理。市供水、供电、燃气、热力、排水、通信市政公用企业的服务事项进驻市政务服务中心。在燃气业务方面，报装受理资料齐全当天即可受理。在热力业务方面，编制规划方案时限已缩短为平均10个工作日。在排水业务方面，从受理到通水进行全过程服务，各环节审核办理时限缩减为平均15个工作日。

第三节 优化营商环境存在的问题

北京市上下联动，齐抓共处，形成了优化营商环境的良好局面，实现了从政府出发向从群众、企业出发的观念转变，但是随着改革的不断深入，政策衔接、配套、落地等问题凸显，具体表现如下。

一　从政策到窗口服务落地"最后一公里"仍需改善

一是政务平台不完善。一些政务服务网络系统升级缓慢，在升级过程中容易发生各种问题，不好用、不稳定、不畅通，给企业带来很大困扰。二是服务能力还需提高。虽然申报审批窗口的服务水平得到了很大提升，但日常监管人员知识老化、服务意识不强，对政策的理解和解读不一致，工作自由裁量权大。咨询服务热线依然存在生、冷、硬的问题。三是政策执行标准不统一。不同委办局之间的审批标准不统一、窗口办事人员的口径不一致。不同区之间也存在政策标准不统一、办理流程不一致等问题。即便在同一个区内，不同所之间、不同人员之间的执行口径也不统一，审批过程反复跑、补交材料的情况仍然存在。

二　管理碎片化问题仍然需要进一步解决

一是部门协同联动难度大。政府部门之间相互割裂、各自为政，业务缺乏协同。以破产审判为例，目前破产审判中普遍遇到的职工安置、企业注销、税收稽核、信用修复以及重大敏感破产案件，需要法院与相关部门逐一协调，极大地影响了审判的时效。投资项目前期审批事项和环节仍然过多，无法实现投资项目全生命周期服务。二是信息缺乏共享。部门之间仍然没有完全实现联通和数据共享，后台数据无法流转，"两张皮"现象突出，企业和群众办事被迫来回跑。社保、医保、年金等办理仍然没有实现联网，还需要现场人工排队办理。目前登记等方面的时间压缩、效率提高还是以窗口工作人员、后台审批人员超负荷劳动为代价实现的。如果不能打破政府部门之间的信息壁垒，实现互联互通，改革的持续性将打折扣。三是政策缺乏集中统一发布平台。政府部门发布的政策制度分散在各自官网，既没有分类归集，也没有集中整合，需要企业费力查找，这给企业办事带来很大不便。

三 政策法规支撑不足

一是地方权限不足。北京市此次优化营商环境的着力点是简政放权，"放管服"改革。但是相关事权60%在中央各部委，只有40%在北京市。以纳税为例，4个分项指标中纳税次数、总税费率、税后流程3项指标政策，涉及国家统一税费制度的调整，权限主要在中央，极大地限制了改革的空间。二是政策法规滞后。在世界银行提出的优化北京市营商环境79项建议中，有50多项是关于国家层面的法律修改。以办理施工许可为例，涉及城乡规划法、环境噪声污染防治法、固体废物污染环境防治法、消防法、注册建筑师条例等。而国家层面修法涉及面广、程序复杂、周期长，导致改革措施缺乏法律支撑和更高层面的政策保障，所以推进缓慢，难以落实到位。三是配套政策存在空白。以办理破产为例，破产重整企业的税收减免、企业信用修复、房地产企业在建工程接盘及接盘后证照手续的变更等相关政策缺失，难以对企业重整进行识别和判断。四是部分改革缺乏实施细则。以社会投资项目为例，由于建设单位的单位性质种类繁多，申报材料中没有要求企业提供证明其单位性质的证明文件，市级部门也没有下发明确指导文件，如何准确界定申请项目是否为社会投资项目则成了一个难题。

四 政府服务供给和企业服务需求的结构性错配

一是政企沟通反馈机制不畅。政府部门在制定涉企政策时，未事先广泛征求行业协会商会和企业的意见建议，针对涉企政策的执行，没有广泛的反馈渠道来收集行业协会商会和企业的意见建议。政府部门上门监管检查多、行政处罚多，主动上门服务少、解决问题少，政策宣传解读不充分。二是政策存在"一刀切"问题。政府对高精尖产业和现代服务业缺乏明确界定，在疏解转移过程中，部分产业成为清理对象。以康养项目为例，企业注册登记经营范围缺乏明确规定，工商核名和主营范围相互冲突，部分企业流失到外地注册。部分高精尖产业的高端业务也存在被迫拆分外迁的问题。三是惠企服务不够精准。现有的惠企政策在精准性、稳定性、透明度和优惠力度上与国内其他城市相比存在差距。中小型企业融资难、融资贵问题依然突出。人才在京落户或享受相应公共服务受到种种隐性条件限制。政府支持科技创新型企业的相关激励、约束政策不足，影响企业创新、创业生态的产业配套与供应链系统建设有待加强。

第四节　进一步优化营商环境的思路和对策

营商环境是经济生态，优化营商环境是政府管理理念、方式、能力的一场自我革命，是一场持久仗，不可能毕其功于一役，需要稳扎稳打、久久为功。

一　抓好信息化，倒逼营商环境优化提升

信息化有助于打破政府管理和服务的分散化、功能分割和各自为政，提高市场监管和企业服务的效率。一是要清理整合分散、独立的政务服务信息系统，全部接入全市统一的政务服务网和市级政务云，实现全市"一网通办"。二是要优化再造政府服务流程，使文件能够及时推送，减少核验原件环节，简化申报材料，真正做到"数据多跑路，群众少跑腿"。三是要建立信息化审批规范标准体系，减少审批的自由裁量权。四是要打造人工智能咨询平台，基于现有企业服务

APP（手机应用），搭建"互联网＋政企沟通"平台，及时向企业推送政策信息，收集企业反映的各类问题。五是搭建多样化公共服务平台，在银企对接、法律咨询、知识产权保护和市场信息推介等方面提供一揽子服务。

二 抓好政企互动，提高主动服务意识

政企互动是政府转变角色、转变职能、当好企业的推车人和服务员、构建新型政商关系的必然要求。一是要按照"便民利民、应并尽并"的原则，推进政府服务热线和政策发布平台整合。二是要把优化营商环境作为政务公开、行风评议的重点，在全市试行民营企业测评政府部门服务企业工作。三是要大力培育发展各类行业商业协会，鼓励企业加入其中，加强行业协会商会党建引领，将其纳入政府决策过程，扩大企业反映利益诉求渠道，避免政策"一刀切"。四是要健全政府部门为企业解决困难问题的记录、办理、时限、反馈、督查、考核等制度性安排。特别是将中小企业咨询服务次数、解答问题数量、成功解决问题数量、政府人员深入中小企业次数、实际调研与解决问题数量、业务技能培训次数与实效等作为绩效评价指标，实行过程管理，详细记录每次咨询服务的过程和结果，引入中小企业评价，将满意度调查结果在信息平台上公布，运用到政府工作人员或机构绩效考核中。五是要抓好定制化、个性化服务，建立精准服务长效机制。参考日本经验，建立中小企业诊断士、税理士制度，解决政府服务资源和企业服务需求的结构性错配问题，通过购买服务等方式，支持相关领域专家对企业经营管理方式和管理流程等进行诊断，提出改进建议，按照政府补贴和企业部分承担的方式，开展面向创新型企业或从业人员的菜单式培训，提高政府服务的精准性、便利性、可获得性和成效。

三　抓好政策法规保障，确保改革在法治轨道上运行

优化营商环境必须运用法治思维、贯穿法治精神、重视法治方式。一是要全面梳理不利于现有改革落地、抑制市场主体活力、过时的政策法规和规范性文件，分清中央地方事权，加快法律规章等的立、改、废、释工作，确保后续各项监管工作有法可依、有章可循。二是要进一步细化相关实施细则。对符合首都功能定位的行业和产业政策进行权威解释，明确政策适用内容，统一相关办事流程，增强政策制定和执行的清晰度，使具体业务办理人员有据可依，压缩政策解释、执行的自由裁量权，提高办事效率。三是要进一步完善政务服务标准体系，推动权力清单和责任清单"两单融合"，健全动态调整机制。研制全市统一的服务规范和考核标准体系，明确激励惩罚措施，切实转变基层一线工作人员的理念，充分调动他们的工作积极性，切实增强其服务能力和水平。

四　抓好诚信服务，进一步打造公平有序的市场环境

诚信服务是"提升营商环境"中不可缺失的重要一环，是规范市场秩序、促进公平竞争的基础。一是要建立健全小微企业征信体系。加快推动北京大数据行动计划，通过综合工商系统数据、企业信用数据和互联网信息，形成企业的大数据全景信息视图，优化社会诚信信息共享平台。对自然人、法人的各类信用信息进行整合处理，强化企业守信、失信奖惩机制。二是要全面规范中介服务。清理行政审批中介服务事项，规范管理保留的中介服务事项，依托政务服务网开发建设中介服务网上交易平台，中介服务机构"零门槛、零限制"入驻，实现网上展示、网上竞价、网上中标、网上评价，探索推行"全程帮办制"。实施中介机构信用评价管理，充分发挥律师事务所、会计师事务所等专业机构的作用，最大限度地帮助企业防范和化解法律风

险。三是要加大招投标改革力度。缩小必须招标项目的范围，全面推行电子化招标、投标，扩大电子化交易平台的适用范围，降低企业交易成本。四是要积极改善中小微企业融资环境。完善无形资产登记和评估管理体系，推动建立健全无形资产交易平台，鼓励银行业金融机构开展无形资产质押贷款业务，深化知识产权质押、投贷联动等科技金融创新。

五　抓好效能督导，增强改革行动的自觉性

优化营商环境成效如何，社会评价是第一评价，企业感受是第一感受。为此，一是要紧紧围绕责任落实、任务分解、组织推动、工作实效等内容，建立全过程督查问责机制，认真开展各项涉企政策督导落实，开展懒政、怠政整治。二是要增强社会对改善营商环境的参与度。在推行事关企业切身利益的改革措施中，自觉将企业、律所等利益相关方引入决策、执行、评估、监督等全过程。三是要充分利用第三方评估，让相对置身利益之外的机构和专家，对现有各项优化营商环境的改革措施进行综合监测和评估，推动优化营商环境改革工作进一步走向科学、规范和深入。

六　抓好宣传和典型，提高政策知晓率

精心谋划、多措并举做好宣传推广，切实助力营商环境政策落地落实。一是要创新宣传方式，多用新媒体、移动终端、微信平台开展宣传，多用老百姓看得懂、听得懂的语言做好宣传。二是要面向企业、面向基层一线工作人员组织开展分级分类政策解读和业务培训。三是要加快建立北京市统一的涉企政策发布平台，及时做好解疑释惑等工作，确保惠企政策能够广为人知。四是要不断总结和形成在全市范围内具有点上示范、带动全局效应的营商环境提升案例，加强成功经验的宣传和推广。

图书在版编目（CIP）数据

北京经济高质量发展研究 / 盛继洪主编 . -- 北京：
社会科学文献出版社，2019.2
ISBN 978 - 7 - 5201 - 4215 - 1

Ⅰ . ①北…　Ⅱ . ①盛…　Ⅲ . ①区域经济发展 - 研究 -
北京　Ⅳ . ①F127.1

中国版本图书馆 CIP 数据核字（2019）第 016783 号

北京经济高质量发展研究

主　　编 / 盛继洪

出 版 人 / 谢寿光
项目统筹 / 曹义恒
责任编辑 / 曹义恒　王　静

出　　版 / 社会科学文献出版社 · 社会政法分社（010）59367156
　　　　　　地址：北京市北三环中路甲 29 号院华龙大厦　邮编：100029
　　　　　　网址：www. ssap. com. cn
发　　行 / 市场营销中心（010）59367081　59367083
印　　装 / 三河市尚艺印装有限公司

规　　格 / 开　本：787mm × 1092mm　1/16
　　　　　　印　张：14.5　字　数：227 千字
版　　次 / 2019 年 2 月第 1 版　2019 年 2 月第 1 次印刷
书　　号 / ISBN 978 - 7 - 5201 - 4215 - 1
定　　价 / 79.00 元

本书如有印装质量问题，请与读者服务中心（010 - 59367028）联系